뇌기반 자기주도적 학습 코칭의 실제

두뇌 유형에 적합한 맞춤형 개별화 학습 전략

KB171400

신재한 이은정

박영story

머리말

학습자의 특성을 이해하기 위하여 뇌의 기능적인 특징과 뇌와 학습의 상관관계를 알아내는 연구가 활발하게 이루어지고 있다. 특히, 뇌 선호 양식을 알아보는 것은 일상생활과 학습할 때 어느 쪽 뇌의 사용을 더 좋아하는가를 알아보는 것이 목적이며, 자신이 어느 쪽 뇌를 사용해서 공부하는지를 정확히 알고 있으면 학습효과를 높이는데도 유리하다. 이러한 학생들의 뇌선호 양식을 고려한 교수-학습활동이 이루어지기 위해서는 교사들이 학생들의 여러 가지 인지 유형 즉 좌·우뇌 기능 분화에 따른 좌뇌 선호형, 우뇌 선호형, 양뇌 선호형의 학습자 모두에게 최상의 교수방법이 적용될 수 있도록 의식적으로 노력해야 한다.

특히, 사람들은 누구나 좌뇌형이든 우뇌형이든 혹은 양뇌형이든 양반구의 기능을 소유하고 있고 사용하고 있으며, 누구나 자신의 신경적 강점에 의해서 영향을 받기 때문에 뇌선호도에 따라 학습유형에서 차이가 나타난다.

따라서, 본 저서는 1부. 뇌과학의 이해, 2부. 뇌기반 자기주도적 학습의 이해, 3부. 뇌기반 자기주도적 학습 코칭의 실제 등 전체 3부로 구성되어 있다. 1부는 1장. 두뇌구조와 기능의 이해, 2장. 뇌파의 이해, 3장. 신경전달물질의 이해, 4장. 연령별 두뇌발달 특성으로 구성되어 있고, 2부에서는 1장. 두뇌유형의 개념 및 특징, 2장. 학습유형의 개념 및 특징, 3장. 두뇌유형과 학습유형의 관계, 4장. 두뇌유형의 분류 및 특징, 5장. 뇌기반 자기주도적 학습의 구성요소, 6장. 뇌기반 자기주도적 학습의 특징으로 구성되었다. 또한, 3부에서는 1장. 나의 두뇌유형을 알자!, 2장. 나를 찾아 떠나는 여행, 3장. 학습등대에 불을 밝히자, 4장. 학습의 문을 열자, 5장. 나만의 학습 나침반을 찾자, 6장. 학습의 세 바퀴를 끼우자, 7장. 나만의 학습 스케줄을 짜자, 8장. 나만의 학습 환경을 만들자, 9장. 학습을 되새김하자, 10장. 학습 행동을 실천하자 등으로 구성되었다.

본 저서는 학부모, 교사, 학생, 교육전문가 등 교육, 코칭, 상담 관련 종사자들에게 필요한 두뇌 유형별 성향을 고려한 맞춤형 개별화 수업을 위한 전략을 제공함으로써 뇌기반 자기주도적 학습 코칭을 할 수 있는 매우 유용한 도구가 될 것으로 기대된다. 아무쪼록 본 저서가 뇌기반 자기주도적 학습 코칭을 실천하는데 기초가 되는 기본 지침서가 되기를 바라는 마음이다. 끝으로 본서 출판에 도움을 주신 박영사 가족 여러분께 감사를 드린다.

2019년 8월

저자대표 신재한

차례

1부

뇌과학의 이해

I

두뇌 구조와 기능의 이해

1. 두뇌의 구조

일반적으로 인간의 두뇌가 정보를 처리하는 과정은 먼저, 외부의 물체와 상황을 수용하기 위하여 감각·지각 과정을 활용하고, 기억과 여러 가지 문제 해결 전략을 근거로 하여 성립된 사고와 판단을 행동으로 옮기게 된다. 이러한 인간의 두뇌는 물(78%), 지방(10%), 단백질(8%) 등으로 구성되어 있다. 두뇌는 인간 체중의 약 2% 정도를 차지하며 성인 두뇌의 무게는 약 1,350g 정도로서 크기는 두 주먹을 맞대었을 때와 거의 비슷하다. 두뇌는 신체가 소모하는 에너지의 약 20% 정도로 소모하는데 이는 두뇌가 인간의 여러 신체기관 중에서도 고도의 복잡한 작용을 수행하여 가장 많은 에너지를 소비하기 때문이다.

가. 두뇌의 외부

두뇌의 외부는 4개의 엽(전두엽, 후두엽, 측두엽, 두정엽), 운동피질, 체감각피질, 소뇌 등으로 구성되어 있다. 그중에서 대뇌피질은 약 2~4mm 정도로 오렌지 껍질 두께와 비슷하며 표면의 주름이 두뇌를 감싸고 있어 넓은 피질이 두개골 안에 들어갈 수 있다. 이러한 피질의 넓이는 신문 한 페이지 분량의 크기에 해당한다.

먼저, 대뇌피질의 앞 부분에 있는 전두엽(frontal lobe)은 이마 바로 뒤에 위치해 있으며 전두엽피질(prefrontal cortex)이라고도 한다. 전두엽은 계획과 사고를 처리하는 기능을 하는 부위로서, 고차원적인 사고를 조정하고 문제해결을 지휘하며 정서 체제를 조절하는 뇌의 이성 및 집행 통제 기관이다. 또한 작업기억의 대부분이 전두엽에 위치하기 때문에, 전두엽은 주의집중이 발생하는 영역이다. 최근에는 전두엽이 성격, 인성, 도덕성과 관련된다는 연구 결과도 있다.

다음으로 두뇌 뒷 부분의 중심부 아래에 위치한 후두엽(occipital lobe)은 시각 자극을 처리하기 위한 두뇌센터이다. 이러한 후두엽은 여러 개의 작은 부위들로 나누어지며, 외부 세계에서 두뇌에 들어오는 시각 자료를 처리하는데 중요한 역할을 한다. 즉, 입력되는 정보가 이들 부위에 모아지면 2차적인 시각영역 또는 시각 연합영역으로 가서, 그 정보를 전에 본 적이 있는 정보와 비교한 후 우리가 보고 있는 사물을 정확하게 인지하고 판단할 수 있게 한다. 이러한 사실은 두 사람이 동일한 것을 보고도 각기 다른 것에 주의집중하는 것을 보면 쉽게 알 수 있다.

또한, 귀 바로 윗부분의 양쪽에는 후두엽에서 전두엽 아래로 구부러져 있는 2개의 엽, 측두엽(temporal lobe)이 청각처리와 언어처리를 수행한다. 측두엽은 일차적인 청각영역이 자극을 받았을 때, 소리를 감각하게 된다. 더욱이, 청각 연합영역은 일차적인 청각영역 및 다른 두뇌부위들과 연결되어 있어서, 청각정보에 대한 지각을 도와주어 우리가 무엇을 듣고 있는지를 알게 해준다.

끝으로 두정엽(parietal lobe)은 두뇌의 맨 위에서 뒷부분에 걸쳐 있고 고차원적인 감각처리와 언어처리를 담당한다. 특히, 우리가 언제, 어떻게 움직여야 할지에 대해 신체에 있는 근육에 정보를 보내야 할 때처럼, 우리는 우리 환경의 촉각과 온도에 대한 정보, 피부에서 오는 통각과 압각 및 사지의 위치에 대한 정보도 받을 수 있어야 한다. 이런 일들은 체감각피질 즉 감각자극의 즉 감각자극의 수용을 담당하는 부위에 의해 이루어진다. 따라서, 두정엽 부위가 손상되면, 촉각과 통각을 인식할 수도 없고 공간상에서 자신의 위치도 알 수 없다. 두정엽의 뒷 부분은 공간인식에 대한 감각을 제공해주기 위해 이러한 모든 정보들을 끊임없이 분석하고 해석한다. 또한, 두정엽의 이 부위가 손상되면 물체를 잘 조작하지 못한다. 이 외에도 두정엽은 주의를 집중하거나 공간적인 주의를 유지할 때, 개인이 특정 자극에 주의집중할 때나 주의를 바꾸어야 할 때 활성화된다.

지금까지 살펴본 바와 같이, 대뇌는 4개의 엽으로 구성되어 [표 I-1]과 같이 각기 다른 기능을 담당한다.

[표 I-1] 대뇌의 특징(4개의 엽)

구분	위치	기억	기능	특징
전두엽	뇌 앞	작업기억	기억, 계획, 문제해결	• 실행적 이성(통제)센터 • 양쪽 대뇌반구의 약 50% • 계획 및 사고, 고차적 사고, 문제해결, 주의집중, 창의성 • 변연계와 관련 • 동작피질: 동작 조절 • 전전두엽: 인성, 호기심, 의사결정, 반성, 정서 조절
측두엽	귀 위	장기기억	언어, 청각, 기억	• 언어센터(좌반구) • 음악, 얼굴 및 사물 인지 • 듣기, 기억, 의미, 언어 담당
후두엽	뇌 뒤		시각정보 수용/처리	• 시각처리
두정엽	머리끝		공간, 공감각, 단기기억	• 공간 지각, 계산, 인지 담당, 고차적인 감각처리, 언어처리

한편, 두뇌의 외부는 4개의 엽 외에도 운동피질과 체감각피질로 구성되어 있다([표 I-2]).

[표 I-2] 운동피질과 체감각피질의 특징 비교

구분	위치	특징
운동피질	두정엽과 전두엽 사이 앞쪽	• 신체운동 조절 • 운동기능 학습 • 소뇌와 협력
체감각피질	운동피질 뒤 두정엽 앞	• 신체 부위에서 온 촉각신호 처리

이 외에도 모든 동작을 조절하여 두뇌 무게의 약 10% 정도를 차지하는 소뇌는 주름이 깊은 유기적 구조로서, 나머지 두뇌 부위에 있는 모든 뉴런보다 더 많은 뉴런이 존재한다([표 I-3]).

[표 I-3] 소뇌의 특징

구분	위치	특징
소뇌	대뇌(뇌간) 뒤	• 균형, 자세유지, 운동 협응 담당 • 사고, 정서, 감각, 기억 조절 • 자동화된 운동기억 저장 • 대뇌 한쪽 반구와 유사

두뇌 외부 구조를 그림으로 나타내면 [그림 I-1]과 같이 도식화할 수 있다(김유미, 2008). 특히, [그림 I-2]와 같이 외부에서 온 감각신호는 감각신경을 지나 뇌의 뒤쪽에 있는 수용기로 들어가고 두뇌의 중앙(변연계, 두정엽, 측두엽)으로 가서 통합한 후 두뇌의 앞부분인 전두엽에서 해석하는 과정을 거친다(Sousa, 2003).

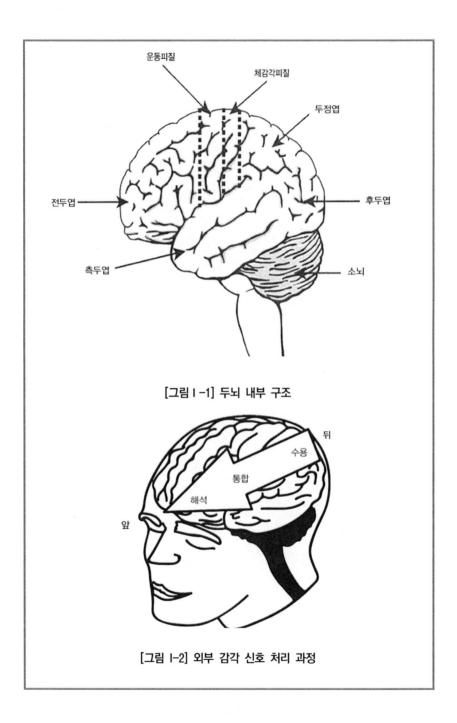

[그림 I -1] 두뇌 내부 구조

[그림 I-2] 외부 감각 신호 처리 과정

나. 두뇌의 내부

두뇌의 내부는 뇌간, 변연계(시상, 시상하부, 해마, 편도 등), 대뇌, 뇌세포 등으로 구성되어 있다([표 I-4]).

[표 I-4] 두뇌 내부의 특징

구분	특징
뇌간	• 파충류 뇌 • 가장 오래되고 깊은 곳 • 몸에서 뇌로 가는 12개 신경 중 11개 이동 • 맥박, 호흡, 체온, 소화 등 생명유지, 신체기능 통제 • 생존의 위해 무의식적으로 조절 • 망상체: 각성 수준 조절 • 망상활성화 체계(RAS): 감각수용기에 들어온 자극 여과기 역할, 흥분 수준 조절 • 중뇌(위), 뇌교(가운데), 연수(아래)로 구성
변연계 (중뇌)	• 포유동물 뇌 • 뇌간과 대뇌 사이 • 전체 두뇌 크기의 20% 차지 • 정서유발, 정서기억 기능 수행, 정서와 이성 교류 가능 • 학습과 기억에 관여 • 시상: 후각 제외한 모든 감각정보, 인지활동 관여, 외부 유입 정보 모니터 • 시상하부: 내부체계 모니터, 신체 정상 유지, 호르몬 분비, 수면·섭식·수분섭취 등 신체기능 조절 • 해마: 학습내용 공고화, 작업기억 정보를 검토하여 기존의 기억과 비교(의미 형성), 작업기억을 장기기억으로 전환 • 편도: 공포와 관련된 정서 관여, 환경과 개인의 상호작용 조절, 정서기억(해마와 상호작용)
대뇌	• 인간 뇌 • 두뇌 무게의 약 80% 정도 차지 • 연한 회색, 깊은 주름 • 좌반구(우반신)와 우반구(좌반신), 뇌량(두반구 교류·활동 조정) • 사고, 기억, 언어, 근육운동 담당

뇌세포	• 신경세포(뉴런), 지지세포(교세포)로 구성(1조 개) • 신경세포(뉴런): 약 1,000억 개 • 지지세포(교세포): 여과기 역할, 뉴런 결합 및 보호, 혈뇌장벽 형성, 영양분 운반, 면역체계 조정 등 • 뉴런 전달 과정: 수상돌기(세포체, 전기신호) → 축색돌기(수초) → 시냅스(소낭, 화학신호) → 신경전달물질(아세틸콜린, 에피네프린, 세로토닌, 도파민 등)→ 수상돌기(수용기)

한편, 뇌는 기능에 따라 크게 상위 뇌, 중위 뇌, 하위 뇌로 구분할 수 있다(Mark et al; 2007). 상위 뇌는 전두엽(frontal lobe), 두정엽(parietal lobe), 측두엽(temporal lobe) 및 후두엽(occipital lobe)으로 구분되고 중위 뇌는 기저핵(basal ganglia), 변연계(limbic system), 시상(thalamus), 시상하부(hypothalamus)로 구성되어 있다. 먼저, 기저핵은 자연스런 미소와 같은 불수의적 운동의 일부분과 수의운동의 선택, 조절, 시각 및 기억에 관여하는데 뇌의 중간 부분 즉, 대뇌 피질과 간뇌의 사이에 위치해 있다. 기저핵은 대뇌피질, 특히 전전두 피질과 두정엽 피질의 조정을 받는다.

또한, 변연계는 먹기, 마시기, 성 활동, 그리고 공격성 등과 같이 동기화된 행동과 정서행동에 특히 중요하다. 이러한 변연계는 중위 뇌와 상위 뇌의 다양한 구조물을 연결해주는 중간 매개체로서 작용한다. 전전두엽을 비롯한 대뇌 피질은 성장하면서 단계적으로 발달하는데 비해 정서중추인 변연계(lymbicsystem)는 일찍 발달한다.

다음으로 시상은 2개의 아보카도가 나란히 붙어 있는 것과 비슷하게 생긴 구조로 하나는 왼쪽 대뇌반구에, 다른 하나는 오른쪽 대뇌반구에 있다. 대부분의 감각 정보는 먼저 시상으로 들어가 처리된 다음에 대뇌피질로 입력된다. 또한, 시상하부는 시상의 복측인 뇌의 기저부에 있다. 시상하부 여러 신경핵의 활동은 매일 매일 일어나는 활동과 수면의 주기, 그리고 동기화된 행동 및 정서 행동의 다양한 측면을 통제한다. 시상하부의 신경핵이 손상되면 먹기, 마시기, 체온 조절, 성 활동, 싸움, 또는 활동 수준 등과 같은 여러 동기화된 행동에 이상이 나타난다. 이러한 시상하부는 50여 종의 신경전달물질을 이용하여 내분비 기능과 자율신경 기능의 조절과 어울려 감정, 포만감과 공복감, 체온, 체내 수분량, 생식과 관련된 행위 등을 조절한다(윤일심, 2012).

지금까지 살펴본 두뇌의 내부 구조를 도식화하면 [그림 I-3]과 같다(김유미, 2008).

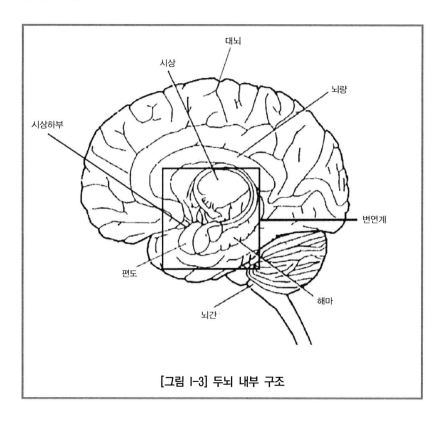

[그림 I-3] 두뇌 내부 구조

한편, 우리가 누군가의 무엇에 공감할 때 그리고 누군가의 무엇을 따라 할 때 우리의 뇌에는 거울 뉴런(mirror neurons)이라는 신경세포가 있어 타인의 상황이나 정서에 대한 인식을 토대로 하여 타인의 정서나 상황을 함께 느끼고 경험하여 공감대를 형성한다. 이러한 거울 뉴런을 통해 타인의 행동을 관찰하는 것만으로도 그의 행동을 온몸으로 이해할 수 있는 인지적 공감능력과 감정에 이입하고 반응하는 정서적 공감능력이 일어나며 그 행위를 나의 운동계획과 비교하고 실행으로 바꾸는 과정을 용이하게 함으로써 타인의 행동에 모방을 가능하게 한다. 따라서, 거울 뉴런의 관점에서 바라볼 때 인성적으로 매우 탁월한 전인격적 인간을 모델로 선정한 후 학습자들이 그 모델의 행동을 관찰 및 모방, 연습하면서 타인과 공감하고 소통하는 학습활동이 필요하다.

결론적으로 말하자면, 거울 뉴런은 다른 사람들의 의도를 해석하고 행동을 예측하도록 돕는 역할을 한다. 즉, 다른 사람들의 경험을 우리 안에 재생성하도록 하고, 다른 사람들의 정서를 이해하고 공감하게 한다(Singer et al, 2004). 예를 들면, 아동이 어른의 행동을 모방하고 흉내내는 경우, 타인의 얼굴에서 기쁨, 슬픔, 분노 등을 느낄 때 자신의 그와 유사한 정서를 느끼는 경우 등이 대표적인 예이다.

2. 두뇌의 구성요소

가. 뉴런

두뇌의 구성요소 중에서 뉴런은 두뇌 활동을 수행하는데 매우 중요한 역할을 담당한다. 즉, 뉴런은 정보처리와 전기 및 화학 신호를 변환하여 주고 받는 역할을 하며, 세포체(cell body), 수상돌기(dendrite), 축색돌기(axon) 등 으로 구분한다([표 I-5] 참조).

[표 I-5] 뉴런의 구성요소

구분	특징
세포체	• 세포의 생존을 위한 여러 가지 활동 수행 • 세포체 속에 있는 세포핵은 유전정보 보유
수상돌기	• 다른 뉴런으로부터 전기신호를 받아들이는 짧은 머리카락 모양의 입력 섬유
축색돌기	• 정보를 종합하고 평가하여 전기신호 형태로 전달하고 화학물질을 운반 기능 • 수초(myelin): 축색돌기 주변에 형성된 지방질 성분, 신속한 전기 신호 전달 및 다른 반응 방해 방지 기능 • 시냅스(synapse): 신경전달물질에 의해 화학적 신호 전달

나. 전기신호

두뇌의 모든 정보 전달은 뉴런에 의해 일어나는데 이런 정보 전달과정에서 발생하는 전기신호로, 뇌파를 측정할 수 있다. 이러한 뇌파는 1929년 Berger가 최초로 측정하였다(표 I-6 참조).

[표 I-6] 두뇌의 전기신호(뇌파)의 유형

구분	특징
베타파	• 토론, 운동, 복잡한 프로젝트 등 많은 정신활동을 수반하는 상태
알파파	• 읽기, 쓰기, 시청, 문제해결 등 경계가 이완된 상태
쎄타파	• 졸음, 명상, 처리시간 등 감수성이 민감한 상태
델타파	• 깊은 수면 등 무의식적인 상태

다. 화학신호

수상돌기에서 만들어진 전기신호는 축색돌기로 전달되고 축색돌기와 수상돌기 사이의 시냅스가 전기신호를 화학신호를 전환하여 신경전달물질을 생성하게 된다. 이러한 신경전달물질의 유형은 [표 I-7]과 같이 정리할 수 있다.

[표 Ⅰ-7] 신경전달물질의 유형

구분	특징
아미노산	• 뉴런들의 일대일 교류에 관여 • 글라이신, GABA, 아스파리진산염, 글루타민산염 • 글라이신, GABA: 억제 메시지 전달 • 아스파리진산염, 글루타민산염: 흥분 메시지 전달 ※ 글루타민산염: 기억과 학습에 관여(해마)
아민	• 모노아민 • 다른 아미노산보다 더 느리게 작용 • 화학적으로 변형된 아미노산(신경변형물질) • 에피네프린(아드레날린): 스트레스 반응 관여 • 노르페이네프린: 각성 등 전반적 활동 수준 관여 • 도파민: 동작활동 조절, 즐거운 감정 촉진 관여 • 세로토닌: 기억·수면·식욕조절·체온조절 관여(기분 촉진제) • 아세틸콜린: REM 수면 촉진, 기억회로 관련
펩타이드	• 변형물질로서 작용하여 다른 신경전달물질에 영향 • 엔돌핀: 특정 행동에 대한 좋은 느낌을 갖도록 자극 • 코티졸: 스트레스에 관여

지금까지 살펴본 뉴런의 전기신호와 화학신호 전달 과정을 도식화하면 [그림 Ⅰ-4]와 같다(김유미, 2008).

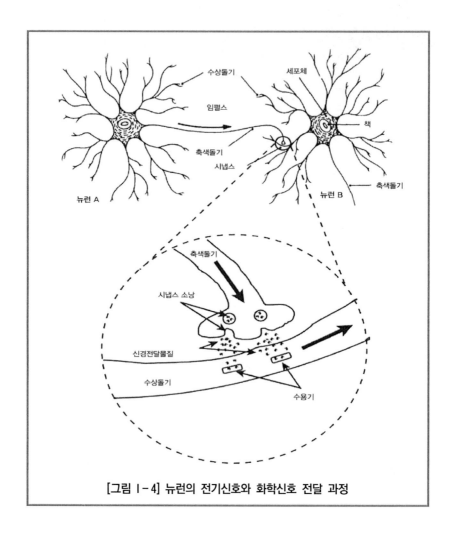

[그림 I-4] 뉴런의 전기신호와 화학신호 전달 과정

라. 혈액

두뇌는 체중의 약 2% 정도를 차지하면서도 신체가 소모하는 에너지의 약 20%를 소모한다. 이러한 에너지는 혈액을 통해 포도당, 단백질, 산소 등을 공급한다([표 I-8] 참조). 따라서, 두뇌는 시간당 약 30L 정도의 혈액을 소모하여 하루에 약 750L 정도의 혈액을 공급한다.

[표 I - 8] 두뇌에 필요한 에너지

구분	특징
물	• 이온전위의 균형 유지 • 하루 8~12컵의 물 섭취 • 탈수, 졸음, 학습저하 현상
영양분	• 균형 잡힌 식생활이 학습능력 향상
산소	• 두뇌는 신체가 소모하는 산소의 1/5 정도 소모 • 두뇌 산소 공급 촉진을 통해 최적 수행

II

뇌파의 이해

1. 뇌파의 개념

뇌파(brain waves)는 뇌에서 발생하는 0.1~80Hz에 걸친 넓은 저주파 영역을 포함한 작은 파동 현상으로, 두피로부터 대뇌피질의 신경세포군에서 발생한 미세한 전기적 파동을 체외로 도출하고 이를 증폭해서 전위를 종축으로 하고 시간을 횡축으로 해서 기록한 것이다(김대식, 최창욱, 2001). 이를 통해 뇌파는 뇌 활동의 지표 혹은 뇌 세포의 커뮤니케이션 상태를 나타낸다(박만상, 윤종수, 1999).

뇌파는 뇌세포 간에 정보를 교환할 때 발생하는 전기적 신호로 뇌전도(EEG: electroencephalogram)라고도 하는데, 뇌의 활동 상태와 활성 상태를 보여주는 중요한 정보를 가지고 있으며, 의식 상태와 정신활동에 따라 변하는 특정한 패턴이 있다. 이러한 뇌파는 '뇌전위'라고도 불리며 뇌신경 세포의 활동에 수반되어 생성되는 미세한 전기적 변화를 머리 표면에 부착한 전극을 통해 유도하고 이를 증폭시켜 전위차를 기록한 것이다. 이를 통해 뇌 기능의 활동성이 약해지는지, 반대로 강해지는지를 측정할 수 있으며, 시시각각으로 변화하는 뇌 활동의 변동을 공간적·시간적으로 파악할 수 있는 객관적 지표로써 신경생리학 분야에서 많이 사용되고 있다(이창섭, 노재영, 1997). 이러한 뇌파를 구성하는 요소로는 주파수(frequency), 진폭(amplitude), 위상관계(phase relation), 분포(distribution), 출현 양식(pattern) 및 파형(wave form) 등이 있다. 일반적으로 1개 파의 지속시간은 파의 골(trough)과 골 혹은 산(peak)과 산 사이의 간격(시간)을 msec(1mec=1/1,000sec)로 나타내며, 이 지속시간을 주기(period)라 한다([그림 II-1] 참조). 주파수는 1초 동안에 출현한 파의 횟수를 말하며, 단위로는 매초 몇 싸이클(cycle)로 나타내거나(C/S)

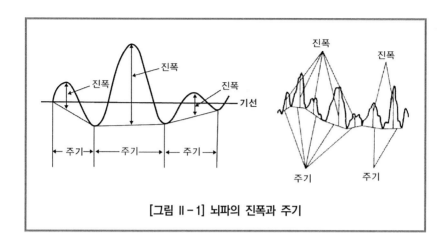

[그림 Ⅱ-1] 뇌파의 진폭과 주기

또는 CPS(cycle per second), Hz(Hertz)로 표시한다.

한편, 두뇌의 모든 정보 전달은 뉴런에 의해 일어난다. 뉴런과 뉴런 사이의 정보를 서로 주고받는 접합부위를 시냅스라 하며, 시냅스 전까지는 전기적 신호로, 시냅스 간 정보전달은 신경전달물질이라는 화학물질을 통해 시냅스 후부터 다시 전기적 신호로 전달된다(좌성민, 2011). 인간의 사고와 행동은 대뇌의 기능에 의해 조절되고 대뇌의 기능은 많은 뇌 신경세포들의 활동에 달려 있으며 이러한 뇌 신경세포들의 활동은 뇌파(EEG)의 형태로 나타난다.

일반적으로 뇌파라 하면 두피 전극에서 포착된 두피뇌파(scalp EEG)를 말하며 뇌파측정은 객관적, 비침습적, 연속적으로 간단하게 대뇌기능을 평가할 수 있는 뇌생리학적 연구방법이다. 앞서 설명했듯이, 뇌파를 검사한다는 것은 뇌의 활동수준을 객관적인 지표로 나타내어 뇌의 활동성이 강해지는지 약해지는지를 공간적·시간적으로 파악하는 것을 의미한다. 이를 통해 사람과 사람사이의 생각이나 감정을 전달할 수 있는 '정신에너지'가 존재한다고 확신하고, 이 정신에너지를 움직이는 힘의 본질을 탐구하기 위하여 Hans Berger에 의해 개발되어 뇌파를 이용하고 있다.

2. 뇌파의 종류 및 특성

일반적으로 뇌파는 주파수 대역에 따라 델타파(δ, 0.5~4Hz), 쎄타파(θ, 4~8Hz), 알파파(α, 8~13Hz), 베타파(β, 13~30Hz), 감마파(γ, 30Hz~50Hz)로 분류되며, 베타파를 SMR파(12~15Hz, 낮은 베타파), M-베타파(15~20Hz, 중간 베타파), H-베타파(20~30Hz, 높은 베타파)로 세분화하여 연구하였다. 또한 알파파를 기준으로 해서 8Hz 미만을 서파(slow wave), 13Hz 이상을 속파(fast wave)라고 구분한다(윤종수, 1999). 뇌파에 의해 연구되어 온 자발뇌파는 일반적 생리현상에서 감각 등 뇌 활동으로 나타나며, 유발뇌파는 뇌 활동 상태를 알아보기 위해 인위적으로 뇌 활동을 유도하여 관찰할 수 있다.

특히, 인간의 뇌파는 신체적 또는 정신적 자극에 의해서 긴장도가 높아지면 β파 상태가 되고 이완이 되며 α파 출현이 많아지면서 얕은 수면 시와 숙면 시에는 θ파와 δ파가 출현하는 것으로 알려져 있다(김대식, 최장욱, 2001).

가. 델타파

델타(δ)파는 최고 100~200μV의 큰 진폭과 0.5~4Hz 정도의 적은 주파수를 보이는 파형으로 대개 정상인이 깊은 수면을 하고 있을 때 나타난다(류분순, 2008). 특히, 두뇌기능이 완전히 이완된 깊은 수면상태에서 우세하게 나타나는 뇌파로서, 정상 성인의 경우 각성 시에 델타파가 나타나면 뇌종양, 뇌염 등의 병적 요인의 판단 근거가 되기도 한다. 특히 전방 전두부에서는 안구운동 등의 영향을 받기 때문에 델타파의 활동성이 높게 나타난다(좌성민, 2011).

나. 세타파

세타(θ)파는 정서 안정 또는 수면으로 이어지는 과정에서 주로 나타나는 뇌파로 성인보다는 아동에게 더 많이 나타난다. 주파수는 4~8Hz 정도로 α파보다 느린 파형을 나타내며 진폭은 20~100μV까지 다양하지만 대략 30μV 이하로 나타난다. 세타(θ)파는 '깨어있음(awareness)의 확장' 경험을 증가시키며 기억력, 초능력, 창의력, 집중력 불안해소 등 다양한 심리상태와 관련되어 있다. 심리적인 변화와 연관이 많은 파형으로 그 비율의 증가는 무의식적인 자료를 다시 기억하거나 재경험하며, 자신에 대한 자각과 통찰을 발견하는 경험을 할 수 있다(류분순, 2008). 특히, 쎄타(theta)파는 일반적으로 몸과 의식이 몽롱한 상태나 졸림과 깨어있음의 중간 상태 정도를 의미한다. 쎄타파 상태에서는 꿈과 같은 이미지를 동반하고 그 이미지는 생생한 기억으로 경험되기도 한다. 각성 시에 나타나는 쎄타파는 주의 각성을 시켜 문제해결의 아이디어를 제공하기도 하고 창조적인 힘으로 연결되기도 하며, 시간과 공간의 제한을 뛰어넘는 영역으로 들어가 번뜩임이나 영감(inspiration)으로 발생하기도 한다(좌성민, 2011). 또한 쎄타파는 깊이 내면화되고 조용한 상태의 육체, 감정 및 사고 활동과 관련된다(Hutchison, 1996).

다. 알파파

알파(α)파는 8~13Hz 정도의 작은 주파수와 30~50μV의 진폭을 보이는 파형으로 뇌파의 기본이 되고 기본과 기초율동 등으로 표현된다. 긴장이완과 같은 편안한 상태에서 주로 나타나며 안정되고 편안한 상태일수록 진폭이 증가한다. 특히 안정된 알파(α)파가 나타나는 때는 눈을 감고 진정한 상태에 있을 때이며 눈을 뜨고 물체를 주시하거나 정신적으로 흥분하게 되는 때는 알파(α)파가 억제된다(류분순, 2008). 특히, 알파파는 신경생리학적으로 두뇌의 안정상태를 반영하는 기본파이며 잡파의 영향을 적게 받으므로 전통적으로 인간 행동에 대한 두뇌 좌·우반구의 기능 상태를 판정하는 데 이용되어 왔다(Butler, 1991). 또한 알파파는 정신 및 육체적 긴장이 이완되어 스트레스가 해소되고 집중력과 기억력 향상과 관련이 있으며(Cowan, & Allen, 2000), 알파파는 의식과 무의식을 연결하는 다리로 알파파가 나타나지 않으면 잠재의식이 사라지기 때문에 사전에 경험한 기억이 아무리 생생하고 의미가 있어도 회상을 하기 힘들다고 하였다(Anna, 1995).

라. 베타파

베타(β)파는 13~30Hz 대역의 뇌파로 각성상태, 활동상태, 스트레스 상태에서 나타나며 청각, 촉각, 정서적 자극에 의해서도 영향을 받는다. 베타파는 정상적으로 전두엽에서 잘 기록되며 주의를 집중하여 정신활동을 할 때 뇌 전체에서 광범위하게 나타난다. 또한, 베타(β)파는 높은 각성, 집중, 노력, 긴장 등의 상태일 때 자주 나타나기 때문에, 초점화된 주의력과 관련되어 있다. 불안과 같은 긴장상태와도 관련이 있으며 청각, 촉각, 그리고 정서적 자극에 의해서도 영향을 받는다. 정신집중을 하는 등의 정신활동을 수반할 때 활성화되는 파형으로 정상인에게 주의를 요하는 과제를 제시하면 알파(α)의 억제 현상으로 설명되는 뇌파의 변화가 생겨 베타(β)파의 활성이 나타난다(류분순, 2008).

특히, 베타파는 SMR파, M-Beta파, H-Beta파로 구분하기도 한다. SMR파는 12~15Hz 대역의 뇌파로 주로 감각운동피질(sensory moter cortex) 부분에서 나타나며 각성 준비상태 또는 운동계의 대기상태로 주의집중과 관련이 있다(Sterman, 1977). 중간 베타(M-Beta)파는 15~20Hz 대역의 뇌파를 말하며 의식활동이나 정신활동 학습에 몰두할 때 우세하게 발현하며, 높은 베타(H-Beta)파는 20~30Hz 대역으로 긴장이나 흥분 상태 혹은 스트레스 상태에서 나타난다.

마. 감마파

감마(γ)파는 30~50Hz 대역으로 외적 의식으로 불안, 흥분의 강한 스트레스 상태에서 전두엽과 두정엽에서 비교적 많이 발생하는 뇌파이다. 또한 감마(gamma)파는 초월적 마음상태 또는 이완으로 벗어나서 새로운 의식 상태, 신경자원(neural resources)을 활성화시켜 총동원할 때, 즉 정신적으로 총력 집중할 때 발생하는 특징적인 뇌파이기도 하다(좌성민, 2011).

지금까지 살펴본 뇌파 유형 및 특징을 정리하면 [표 II-1]과 같이 정리할 수 있다(고병진, 2010).

[표 II-1] 뇌파의 유형 및 특징

구분	특징
델타파	• 출현부위는 일정하지 않고 불규칙한 서파 • 연령과 상관없이 숙면 중에 나타남 • 성인의 각성시 나타나면 뇌종양, 뇌염 등 병적요인 판단 근거
쎄타파	• 출현부위는 후두부와 측두부에서 기록되며, 10~50μV 정도 진폭으로 규칙적인 서파 • 일반적으로 졸리거나 깊은 명상시 발생 • 무의식 및 창의력의 영역 • 주의각성을 시켜 문제해결의 아이디어를 제공하고 창조적인 힘으로 연결. • 번쩍임이나 영감(inspiration)이 발생
알파파	• 정상성인의 안정, 각성, 폐안 상태의 뇌파 중, 가장 주체가 되는 율동파(배경파) • 출현부위는 두정엽과 후두엽에서 잘 기록 • 긴장이완이나 편안한 상태일 때, 눈을 감았을 때, 집중할 때나 창의적인 사고를 할 때 발생

	• 명상상태에 들어가기 위한 전 전계, 학습을 위한 주의력 형성의 전 단계로 준비상태 의미
베타파	• 일상생활 중 나타나 '활동뇌파'라고도 함. 의사결정, 논리적 추론, 문제 해결 등과 관련된 뇌파 • 정상적으로 전두부에서 잘 기록되고, 긴장 및 집중되는 정신활동 시 뇌 전체에서 광범위하게 나타남
감마파	• 외적 의식으로 불안, 흥분의 강한 스트레스 상태에서 전두엽과 두정엽 에서 비교적 많이 발생 • 초월적 마음상태 또는 이완으로 벗어난 새로운 의식상태, 신경자원 (neural resources)을 활성화시켜 총동원할 때 발생 • 정신적으로 총력 집중할 때 발생하는 특징적인 뇌파

한편, 김대식과 최창욱(2001)은 뇌파의 종류와 특성을 [표 II-2]와 같이 구분하였다.

[표 II-2] 뇌파의 종류와 특성

뇌파종류	파장대	의식상태
델타(δ)파	0.1~3Hz	깊은 수면 상태나 뇌 이상 상태
세타(θ)파	4~7Hz	수면 상태
알파(α)파	8~12Hz	이완 및 휴식 상태
SMR	12~15Hz	주의 상태
낮은 베타(β)파	16~20Hz	집중, 활동 상태
높은 베타(β)파	21~30Hz	긴장, 흥분 상태, 스트레스 상태

한국정신과학연구소(2005)에서는 뇌파 대역별 두뇌 상태를 [표 II-3]과 같이 세분화하였다.

[표 II-3] 뇌파 대역별 두뇌 상태

뇌파종류	파장대	의식상태
델타(δ)파	0.5~3Hz	숙면, 뇌 손상, movement or eye blink artifact, LD(유아 많이 등장)
낮은 세타(θ)파	3~5Hz	졸음 상태
높은 세타(θ)파	6~7Hz	• 내면으로 향함, 기억재상에 중요한 창조적인 것이 특징 • 읽고 경청하는 등의 외적 학습자극에는 초점을 맞추지 못함(어린 아동 많이 등장)
	75~85Hz	시각화(visualization)
낮은 알파(α)파	8~10Hz	내면으로 향함, 명상의 어떤 형태에서 관찰 가능 해리 현상을 경험할 수 있음(성인이 눈 감았을 때 등장)
높은 알파(α)파	11~12Hz	넓고 통찰적인 자각 상태, 고난도 기술을 구사해야 하는 운동선수가 준비상태에 있을 때 관찰 가능(높은 지능을 가진 사람에게 High Peak Alpha Frequency가 등장)
SMR	13~15Hz	• Central Cortex에서만 관찰(C3, Cz, C4) • 한 곳에 집중하면서 감각과 운동의 활동성이 줄어들 때 관찰 • 움직임이 없고 불안과 충동성이 감소되는 현상과 상관 • 의식적인 활동이 감소될 때 연관
베타(β)파	16~20Hz	• 문제해결을 위해 가장 필요한 뇌파 • 학습할 때 필요한 베타파
	18~27Hz	가족의 물질 탐닉 경향과 관계
	19~32Hz	불안을 동반한 정서적 긴장 상태
	24~36Hz	주로 부정적인 생각을 반추할 때
감마(γ)파	38~42Hz	• Blinding Rhythm: 대상의 다른 측면을 하나로 묶어서 지각할 때 Peak • Performance와 연관(떨어지지 않기 위해 균형 잡을 때 등장)

3. 뇌파 및 두뇌활용능력 검사

가. 뇌파 검사를 활용한 뇌기능 분석

뇌파 검사를 이용한 뇌기능 분석은 각 주파수 대역별로 측정한 뇌파수 치들의 비율분석을 통해 구한 지수들을 기반으로 뇌의 기능을 종합평가하는 지수이다. 뇌기능분석은 기존의 IQ검사나 적성검사, 인성검사 등 설문지와 문제풀이방식을 통한 간접분석과 달리 뇌의 발달상태, 활성상태, 균형상태, 주의집중능력, 휴식능력, 학습능력 등을 뇌파를 측정하여 정량적으로 직접 분석하는 것이다. 따라서 그 결과가 객관적이고 과학적이다. 이러한 뇌기능 분석은 자신의 뇌파를 정밀 측정하여 각성활동에 반드시 필요한 휴식, 주의력, 집중력 등 세 가지 상태에 대해 뉴로피드백 테스트를 함으로써 뇌의 자율신경계 자기조절증력을 과학적으로 분석하여 살아있는 뇌의 기능을 정확히 알 수 있다(백기자, 2011). 또한 개안과 폐안 시의 뇌파를 비교·분석하여 시각정보에 대한 뇌의 반응을 정확히 파악함으로써 뇌기능뿐만 아니라 육체적 건강상태까지도 판단할 수 있다.

종합지능측정방식으로 자율신경계의 자기조절능력, 뇌의 발달 정도를 나타내는 기초율동분석, 뇌의 각성 정도를 알 수 있는 주의지수, 뇌의 활성상태를 파악하는 활성지수, 정서적인 균형 정도를 파악하는 정서지수, 육체적·정신적 스트레스 정도를 파악하는 스트레스 저항지수, 좌뇌와 우뇌의 균형상태를 파악하는 좌·우뇌 균형분석 등을 알 수 있다. 그리고 이러한 결과를 종합하여 뇌기능 상태를 종합적으로 판단해주는 뇌기능지수

분석지수	반구	관련 주파수	특성
자기조절지수 (SRQ: Self Regulation Quotient)		α파, SMR, low β파	뇌의 자율신경계 조절 능력 판단 휴식, 주의력, 집중력 판단
주의지수 (ATQ: Attention Quotient)	(좌) (우)	θ파, SMR	뇌의 각성 정도 판단, 질병 이나 육체적 피로에 대한 저항력
활성지수 (ACQ: Activity Quotient)	(좌) (우)	α파, low β파	뇌의 활성 정도 판단
정서지수 (EQ: Emotion Quotient)		좌α파, 우α파	정서적 평균 상태 판단
항스트레스지수 (ASQ: Anti-Stress Quotient)	(좌) (우)	δ파, highβ파	육체적 · 정신적 스트레스 저항 정도 판단
브레인지수 (BQ: Brain Quotient)		모든 주파수	뇌 기능의 종합적인 판단

는 [표 Ⅱ-4]와 같이 정리할 수 있다(박병운, 2007).

　　먼저, 자기조절지수(SRQ: Self-Regulation Quotient)는 뇌의 건강과 활동력의 가장 기본적인 척도로 활용되는 지수로, 주의력(SMR파), 집중력(저 베타파), 휴식(알파파)의 세 가지 기본 상태에 대한 뇌의 자율조절능력 평가로서 구할 수 있다. 뇌는 각성 시에 휴식 상태, 주의력 상태, 집중력 상태의 세 가지 상태를 자율적으로 조절하면서 활동 리듬을 통제한다. 자기조절지수의 점수가 높게 측정되더라도 상태별 점수 차이가 크게 측정되면 뇌의 자기 조절기능의 균형이 깨진 것으로 뇌 건강에 문제가 있을 수 있다(Kamiya, 1972; Sterman, 1977; Lubar et al, 1976).

다음으로 정서지수(EQ: Emotion Quotient)는 정서적 안정과 불안정상태를 나타내는 지수이다. 정서지수는 좌·우뇌의 알파(α)파 진폭의 차이와 상호 연관성에 의하여 구할 수 있다(Maulsby, 1971). 정서지수의 성향은 명랑과 우울로 판단할 수 있는데, 좌뇌의 알파(α)파 값에서 우뇌의 알파(α)파 값을 뺀 값이 '−'이면 이 경우는 우뇌의 알파파의 세기가 높은 것을 의미하는 것으로 이는 밝고 명랑한 성격이라 할 수 있고, 반대로 '+'이면 이 경우는 좌뇌의 알파파의 세기가 높은 경우로 우울한 성격이라 할 수 있다(Davidson, 1994, Baehr et al, 1999).

또한, 활성지수(ACQ: Activity Quotient)는 정신적 활동과 사고능력 및 행동성향을 판단하는 지수로 사용된다. 활성지수는 좌·우뇌의 알파(α)파의 활성도, 저 베타(β)파 활성도 및 좌·우뇌의 전체적인 활성 정도를 나타내는 지수로 알파(α)파와 저 베타(slow β)파에 대한 분석을 통하여 구할 수 있다(Carver and White, 1994). 활성지수 값은 상대 세기, 절대 세기, 로그 비교와 산술 비교를 종합하여 결정된다(Gray, 1990; Gotlib et al, 1998). 활성지수는 좌뇌가 높으면 언어능력이 발달되며 외부 자극에 긍정적이고 적극적인 반응을 보이며 논리적, 이성적, 수리적이다. 그러나 우뇌가 높으면 예술능력이 발달되며 외부 자극에 부정적이고 비관적인 반응을 보이는 반면에 감성적, 직관적, 종합적이다. 활성지수는 좌·우뇌가 거의 비슷하면서도 균형을 유지하면서 지수가 높게 나타날 때 이상적이다. 어느 한쪽 부분이 너무 높게 나타나거나 반대로 너무 낮으면 정서불안, 행동성향 불안정, 언어장애, 기억력 감퇴 등 뇌기능 불균형의 문제가 발생할 수 있고, 질병으로 발전할 가능성이 크다(Gotlib et al, 1998).

주의지수는 세타(θ)파의 활성도를 SMR파(12~15Hz)의 활성도로 나눈 값으로 계산한다. 뇌의 각성 정도와 질병이나 스트레스에 대한 저항력을 나타내는 주의지수는 연령 기준에 따라 뇌의 각성 정도를 판단하는 지수로 사용할 수 있다. 주의지수는 육체적 긴장 정도를 파악하는데 사용되는 델타(δ)

파와 정신적 긴장 정도를 파악하는데 사용되는 고 베타(β)파와 함께 지수의 수준이 결정된다. Lubar 등(1995)은 주의지수가 높으면 뇌가 맑게 각성되어 면역 기능이 높은 상태로 이런 상태에서는 신경이 안정되고, 주의집중력이 높아지고 피로도가 감소되며, 반대로 주의지수가 낮으면 주의력과 저항력이 약해져서 주의산만, 기억력 감퇴, 뇌 노화 등을 의심할 수 있으며, 주의지수가 너무 낮으면 주의력 결핍을 의심할 수 있다. 또 지나치게 낮으면 주의력 결핍 및 과잉행동장애, 정신지체, 틱 장애 등을 의심할 수 있다고 설명하고 있다.

이 외에도 항스트레스지수(ASQ: Anti-Stress Quotient)는 스트레스의 저항력을 나타내는 수치로 내외적 환경요인으로 인한 육체적 · 정신적 피로도를 나타내는 지수이다. 항스트레스지수는 델타(δ)파와 고 베타(β)파의 상호 연관성에 의해 산출할 수 있다(Peniston et al, 1993). 정신적 스트레스는 심리적인 긴장과 불안, 흥분 상태를 나타내는데(김동구 외, 2005), 이 지수가 높으면 높을수록 피로도가 높아져 질병에 대한 저항력이 낮아지게 된다. 그러나 항스트레스지수는 반대로 스트레스의 저항력을 나타내는 수치로 이 수치가 높을수록 병에 대한 저항력이 커지게 된다(Peniston, Kulkosky, 1989; Peniston et al, 1993).

끝으로, 브레인지수(BQ: Brain Quotient)는 뇌의 기능을 종합적으로 평가하는 지수로 절대적이지 않기 때문에 노력에 의해 얼마든지 발달될 수 있다. 브레인지수는 IQ와 비례 관계를 갖기 때문에 정신적 · 육체적인 건강 상태와 밀접한 관계를 가진다(박병운, 2005). 브레인지수는 IQ나 EQ와 달리 직접 뇌파를 측정하고 뉴로피드백 훈련을 통하여 뇌의 반응과 조절능력을 판단하는 것이기 때문에 보다 정확하고 폭넓은 정보를 제공할 수 있는 지수이다.

나. 뇌파 검사를 활용한 두뇌활용능력 분석

뇌파 검사는 대뇌 기능을 평가하는 가장 우수하고 객관적인 방법으로서 (김대식·최장욱, 2001), 뇌의 상태를 분석하여 증상에 대한 처방까지도 할 수 있다. 대표적인 뇌파 검사인 BQ TEST(뇌기능 분석)는 측정 과정에 대해서만 뇌파를 측정하고 그 결과를 반영하기 때문에, 실제적인 인간의 두뇌활용능력을 측정하기에는 한계가 있다. 이러한 문제점을 극복하기 위해 뇌파를 측정하는 과정에서 뿐만 아니라, 특정 상황이나 문제를 해결하면서 인간의 능력을 객관적이고 합리적으로 측정할 수 있는 Smart Brain를 개발하였다(뇌과학연구원, 2014).

특히, 뇌파를 기반으로 한 두뇌활용능력 검사는 사람의 뇌에서 발생하는 전기신호인 뇌파를 활용하여 두뇌활용능력을 측정·분석하고 두뇌활용 과정에서 관여하는 고도의 인지기능들을 신경생리학적 뇌파 지표들을 통해 객관적이고 정확하게 측정할 수 있다. 뇌파의 세부 항목은 눈을 감은 상태에서 뇌파를 측정하는 안정상태 검사, 눈을 뜬 상태에서 뇌파를 측정하는 각성상태 검사, 과제를 해결할 때 뇌파를 측정하는 공간지각 및 기억력 검사 등으로 4개 종류를 순서대로 실시한다([표 II-5] 참조). 특히, [표 II-5]에서도 알 수 있듯이, 뇌파는 안정상태 및 각성상태를 포함하는 자발뇌파 검사와 공간지각 및 기억력 검사를 포함한 유발뇌파 검사를 통해서 측정할 수 있고, 두뇌활용능력은 공간지각 및 기억력을 포함한 Brain Test를 통해서 측정할 수 있다.

이러한 두뇌활용능력 검사를 통해서 인지능력, 문제해결 성향, 두뇌 스트레스, 집중력, 두뇌상태 점검, 공간지각력, 기억력 등 다양한 두뇌활용 패턴을 진단할 수 있다([표 II-6] 참조).

[표 II-5] 뇌파 검사의 유형 및 특징

구분	검사명	검사내용	검사방법	검사결과
자발 뇌파검사	안정상태 검사	어떤 외부 자극도 주어지지 않는 눈을 감은 안정상태에서 뇌파가 정상적인 리듬형태로 출현하는지를 측정	눈을 감고 30초 동안 뇌파 측정	뇌파리듬 분포 좌·우뇌 활성도
	각성상태 검사	어떤 외부 자극도 주어지지 않는 눈을 뜬 각성 상태에서 뇌파가 정상적인 리듬형태로 출현하는지를 측정	눈을 뜨고 30초 동안 정면을 바라보면서 뇌파 측정	
유발 뇌파검사 (Brain Test)	공간지각 능력검사	공간지각 과제 수행시 관련된 두뇌 기능을 측정	공간지각검사 24문제를 수행하면서 뇌파 측정	뇌파리듬분포 좌·우뇌 활성도 육각분포도 집중력 변화 Brain Test 분포
	기억력 검사	기억력 과제 수행시 관련된 두뇌 기능을 측정	기억력검사 24문제를 수행하면서 뇌파 측정	

[표 II-6] 두뇌활용능력 검사를 통해 파악하는 두뇌활용 패턴

구분	진단 내용
인지 패턴	인지강도, 인지속도 등을 측정하여 문제해결에서 나타나는 기초적인 인지능력 파악
문제해결 성향	좌·우뇌 활성도를 측정하여 문제해결시 주로 활용하는 뇌 성향 파악
두뇌 스트레스	활성 뇌파 세부리듬을 측정하여 문제해결시 나타나는 두뇌 스트레스 상태 파악
집중력 패턴	집중강도, 지속력을 측정하여 집중력 패턴 파악
두뇌상태 점검	활성 뇌파 세부리듬을 측정하여 두뇌 활성도가 정상 수치에 있는지 파악
공간지각력, 기억력	Brain Test 결과 점수를 통해 공간지각력 및 기억력 파악

또한, 두뇌활용능력 검사 항목별 세부 지표는 인지능력 검사, 집중력 검사, 정서 상태 검사, 문제해결 성향 검사, 활성 뇌파 리듬 검사 등으로 구분할 수 있다([표 II-7] 참조)

[표 II-7] 두뇌활용능력 검사 항목별 세부 지표

구분	개념	지표	해석 방법
인지능력	• 특정 대상을 느낌으로 알거나 이를 분별하고 판단하는 의식 작용 • 사물을 알아보고 기억하며 추리과정을 거쳐서 문제해결을 하는 등 정신능력	인지 강도 인지 속도	인지 강도 및 인지 속도가 높을 때 인지능력 우수
집중력	• 외부 환경이나 개체 내부의 자극 중에서 특정한 것을 분명하게 인식하거나 그것에만 반응하도록 정신을 집중하는 능력	Theta파 SMR파 M-Beta파	Theta 파가 낮고, SMR 파와 M-Beta 파가 높을 때 집중력 우수
정서 상태	• 두뇌활용능력 검사 과제를 수행할 때 느끼는 정신적인 부하 정도	두뇌 스트레스	두뇌 스트레스가 높을 때 정서적 불안, 긴장, 초조, 과도하게 각성
문제해결 성향	• 단순패턴지각, 단기기억 저장, 패턴과의 비교/인지과정으로 이루어진 학습능력 검사과제를 수행할 때의 좌뇌와 우뇌 활성 비율	좌·우뇌 활성도	좌·우뇌 활성비율이 50%: 50%일 경우 문제해결 성향 우수
활성 뇌파 리듬	• 작업 수행 중일 때 뇌파 리듬 분포의 정상 여부 파악	Theta파 Alpha파 SMR파 M-Beta파 H-Beta파 Gamma파	각 리듬 분포가 평균 범위 (40~60)에 있을 경우 정상

4. 뉴로피드백훈련

뉴로피드백(Neuro-feedback)은 뇌파 바이오피드백이라는 용어로 사용되기도 한다. 의학적으로 피드백(Feedback)이란 어떤 과정을 제어하기 위하여 출력의 어떤 부분을 되돌리는 것이라고 정의한다(이우주, 2005). 따라서 바이오피드백은 인간의 체내에서 스스로 조절할 수 없는 기능이나 관련 정보를 인간이 알 수 있는 정보로 바꾸어 주어서 인간이 조절할 수 없거나 조절이 불가능한 기능을 조절할 수 있도록 해주는 것을 의미한다(윤일심, 2012). 즉, 뉴로피드백은 자신의 뇌파정보를 직접 눈으로 보면서 뇌발달에 필요한 뇌파를 스스로 조절하여 뇌신경 네트워크를 발달시켜 뇌의 가소성을 향상시키고 뇌신경조직과 네트워크를 재조직하고 재구성하여 뇌를 스스로 활성화시키는 과학적이고 효과적인 방법이다(미국바이오피드백학회, 1968). 이러한 뉴로피드백을 임상적으로 이용하기 위해서는 특정 뇌파와 그 뇌파가 나타날 때의 뇌의 상태나 증상에 대한 이해가 있어야 한다. 뉴로피드백의 목적은 특정 뇌파를 조작적 조건화를 통해 증가시키거나 억제시켜서 원하는 효과를 얻고자 함이다(정용안 외, 2007).

특히, 뉴로피드백은 사용자의 뇌파를 측정, 분석하여 사용자가 자신의 뇌 상태를 정확히 파악한 후 자신이 필요로 하는 상태를 스스로 만들 수 있도록 훈련시키는 기술이다. 이러한 뉴로피드백의 원리는 뇌와 뉴로피드백 장치가 서로 간의 대화를 통해서 뇌가 스스로 훈련을 한다는 이론에 근거하고 있다(박병운, 2005).

한편, 뉴로피드백훈련 프로그램의 순수한 효과를 검증하기 위해 중재가 제공되는 동안 정확한 뇌파조절 훈련을 위해서 훈련 시 피험자의 자세와 측정자의 자세, 측정환경이 동일한 환경을 유지하여야 한다. 실험기구는 뉴로피드백 시스템이 장착된 컴퓨터나 노트북을 이용한다. 뉴로피드백 훈련은 BQ Test에 포함되어 있는 그림 색칠하기(mind picture) 프로그램으로 휴식, 주의력, 집중력 각기 1분씩 측정하여 가장 낮은 점수를 훈련모드로 채택, 일주일에 2회 혹은 3회, 1회 훈련시간은 30~40분 정도, 훈련방법은 헤드밴드에 부착된 가운데 전극인 FPz 부위를 전전두부인 이마 정중앙에 오도록 머리에 적절한 세기로 매고 좌측 귓불에 기준전극을 연결한 다음 헤드폰을 장착한다. 그림 색칠하기 프로그램은 각성 시 활동상태(휴식, 주의력, 집중력)를 반영하는 알파파와 SMR파, 저베타파의 상대적 비율을 분석하여 피검자 자신의 뇌상태에 관한 조절능력 파악이 가능한 프로그램이다. 피검자가 피드백한 뇌파 중 상대적 비율이 가장 적은 주파수가 피검자의 훈련모드가 된다. 안정을 취한 후 긴장이완훈련으로 '컵 만들기' 게임을 실시하였고, 그 다음은 주의력 훈련으로 '활쏘기'나 '행성 기억하기' 게임 등을 실시한다. 게임형식으로서 흥미유발, 주의집중력, 긴장이완을 도와주는 시스템이며 거울을 보고 잘못된 자세를 교정하듯이 모니터를 통하여 뇌파정보를 직접 눈으로 보면서 뇌신경 네트워크를 발달시키는 훈련이다(백기자, 2011).

III

신경전달물질의 이해

1. 도파민

일반적으로 도파민(dopamine)은 운동, 주의, 학습에 영향을 미치며 균형이 깨지면 사람들과 어울릴 에너지가 부족하여 사랑, 기쁨, 슬픔, 분노의 감정을 잃어버린 듯이 보인다. 주의력결핍장애 증상을 보일 수 있고, 사회성이 부족하기도 하며, 파킨슨병과 정신분열증의 원인이 되기도 한다(백기자, 2011). 도파민 체질은 세계 인구의 약 17% 정도를 차지하고 있다. 이러한 도파민이 균형을 이룰 때, 도파민 체질은 다음과 같은 공통점을 가지고 있다(윤승일, 이문영, 2009).

첫째, 자신이 원하는 것과 그것을 얻는 방법을 정확히 아는, 의지가 강한 사람일 가능성이 높다.

둘째, 걸음이 빠르고, 자신만만할 뿐만 아니라, 매우 이성적이고, 느낌과 감정보다는 사실과 숫자에 더 능하다.

셋째, 스스로를 비판적으로 평가할 줄 알면서도, 타인의 비판이나 부정적인 평가는 잘 받아들이지 못한다.

넷째, 일에 강한 집중력을 보이고, 일에 대한 자부심이 강하다. 이들의 전략적 사고, 주도적 역할, 혁신성, 문제 해결능력, 비전, 실용주의는 사람들에게 활기를 불어넣으며, 스트레스도 잘 극복한다.

다섯째, 복잡한 지식이나 치밀한 계획을 세워야 하는 직업 즉, 의사·과학자·연구원·발명가·엔지니어·군사령관·건축가 등이 적합하다.

여섯째, 지적 활동에 가장 흥미를 느낄 수 있기 때문에, 체스를 두거나 오디오북을 듣거나 글자 맞추기 놀이를 좋아할지 모른다.

일곱째, 무산소 운동이나 근력 운동을 좋아하고 테니스, 수영, 스키처럼 경쟁적인 개인 종목을 좋아한다.

　그러나, 도파민이 과다할 때나 결핍될 때에는 [표 III-1]과 같은 증세가 나타날 수 있다.

[표 III-1] 도파민의 과다 및 결핍 증상

구분	특징
과다 증상	• 지나치게 긴장하고, 몰아붙이며, 충동적 • 흥분과 힘을 주체하지 못해 폭력 행사 • 범죄자, 연쇄성범죄자
결핍 증상	• 에너지가 떨어져 힘이 없는 경우 • 생각이 전보다 또렷하지 못할 경우

　따라서, 도파민이 부족할 경우에는 티로신(tyrosine)이라는 아미노산이 도파민의 합성에 쓰인다. 이러한 티로신이 많이 함유된 음식은 닭고기, 오리고기, 생선, 두부, 치즈, 죽순, 참깨 등이다. 또한, 정제당과 정제밀로 만든 제과류와 카페인 음료는 먹지 않는 것이 좋다.

2. 아세틸콜린

일반적으로 아세틸콜린(acetylcholine)은 해마에서 집중적으로 발견되기 때문에 기억에 관여한다. 학습장애의 원인이 되기도 하며, 적은 스트레스에도 영향을 받으며, 객관적인 판단능력이 부족하게 된다(백기자, 2011). 아세틸콜린 체질은 세계 인구의 약 17% 정도를 차지하고 있다. 이러한 아세틸콜린이 균형을 이룰 때, 아세틸콜린 체질은 다음과 같은 공통점을 가지고 있다(윤승일, 이문영, 2009).

첫째, 일을 감각적으로 처리하는 데 능하고, 세상을 감각적으로 바라보기 때문에, 매우 창조적이다.

둘째, 생각이 빠르고, 끊임없이 타인을 고려하는 사람으로서, 무언가를 할 때 어떤 수고가 따르더라도 최선을 위해 몸을 바친다.

셋째, 유연성·창조성·추진력을 갖고 있어 새롭고 흥분된 일이라면 무엇이든 해보려고 한다.

넷째, 직관적이고 혁신적이기 때문에, 말·생각·대화와 관련된 모든 것에 즐거움을 느끼고, 자신의 열정을 타인과 공유할 줄 아는 능력이 있다. 상담가, 명상가, 두뇌 집단의 구성원, 요가나 명상 강사, 종교 지도자, 공익 단체의 구성원 등이 대표적인 직업이 될 수 있다.

다섯째, 두뇌의 속도가 창조성에 영향을 미치기 때문에 예술가·작가·광고인·배우 같은 직업을 가질 수 있다.

여섯째, 사교적이고 카리스마가 있기 때문에 만나고 인사하며 새 친구를 사귀는 것을 좋아한다.

일곱째, 직장에서나 동네에서나 가정에서나 주변 관계에 많은 에너지를 쏟고 그것으로 보람을 느낀다.

여덟째, 이타주의와 선한 마음씨 덕분에 인기가 많다.

그러나, 아세틸콜린이 과다할 때나 결핍될 때에는 [표 III-2]와 같은 증세가 나타날 수 있다.

[표 III-2] 아세틸콜린의 과다 및 결핍 증상

구분	특징
과다 증상	• 남들에게 도가 넘치게 베풀기만 하기 때문에 자학적인 단계에 빠질 수 있음 • 세상이 자신을 이용하고 있다는 피해망상에 빠질 수 있음 • 사람을 고립으로 몰고 갈 수 있음
결핍 증상	• 뇌 속도가 느려지고, 뇌는 다음 번 자극이 몰려오기 전에 새로운 자극을 이미 저장된 정보와 연결할 시간이 없어짐 • 어떤 정보는 처리되기도 전에 사라져서 기억이 나지 않음 • 빨리 감각 자극에 반응하지 못하게 되면, 뇌가 새 자극을 이미 저장된 기억이나 생각과 연결하지 못해 망각이 일어남 • 기억력 저하 및 상실

따라서, 아세틸콜린이 부족할 경우에는 카르니틴(carnitine)이라는 아미노산이 아세틸콜린의 합성에 쓰인다. 이러한 아세틸콜린이 많은 식품으로는 소고기 살코기, 소간, 계란 노른자, 연어, 아몬드, 양배추, 마늘, 김 등이 있다. 아세틸콜린이 많은 식품은 주로 지방이 많은 식품이며, 무리한 다이어트를 하는 사람이나 살집이 적은 아이들은 콜린이 부족할 수 있다.

3. 가바

일반적으로 가바(GABA)는 안정과 관련되며 균형을 이룰 때는 타인의 요구를 잘 알아차린다. 이러한 가바가 부족할 경우 분위기, 관계, 정체성, 욕구 등을 잘 통제하지 못하고, 충동적이거나 폭력적인 성향이 있을 수 있다(백기자, 2011). 가바 체질은 세계 인구의 약 50% 정도를 차지하고 있다. 이러한 가바가 균형을 이룰 때, 가바 체질은 다음과 같은 공통점을 가지고 있다(윤승일, 이문영, 2009).

첫째, 일관성, 사회성, 타인을 위한 배려심이 많다.

둘째, 목표를 세우는 능력, 프로젝트나 활동 스케줄을 만들어서 실행하는 능력 등이 매우 우수하다.

셋째, 시간 엄수, 실용성, 객관성, 냉철함, 자신감 등이 있다.

넷째, 관리자·회계사·경호원·간호사·기술자·항공관제사·뉴스리포터·응급구조대원·행사기획자·버스기사·주부 등 근본적으로 관리와 보살핌을 필요로 하는 직업을 가진다.

다섯째, 분별력이 있고 안정되어 있으며, 감정의 기복이 심하지 않고 화를 내지 않는다.

여섯째, 여럿이 함께하는 활동도 좋아하지만 그보다는 일대일의 관계를 더 즐긴다.

일곱째, 전통과 체제에 순응하고 그 안에서 자신의 임무에 충실하다.

여덟째, 역사책이나 전기를 좋아한다.

아홉째, 주변에서 일어나는 소동에 동요하지 않는다.

그러나, 가바가 과다할 때나 결핍될 때에는 [표 III-3]과 같은 증세가 나타날 수 있다.

[표 Ⅲ-3] 가바의 과다 및 결핍 증상

구분	특징
과다 증상	• 보호 본능이 점점 강해짐 • 자신의 욕구가 충족되지 않아 상처를 받으면서도 보살핌과 사랑을 베풀기 위해 노력함 • 배우자나 권위자의 조언에 지나치게 의지하는 나머지 그들의 판단에 좌지우지됨
결핍 증상	• 불안, 초조, 신경질적인 반응 등이 나타남 • 인체 혼란 및 정서 불안정이 나타남 • 두통, 트림, 짜증, 어지럼증, 불면증 • 숨이 차고, 손발이 차며, 수면장애

따라서, 가바가 부족할 경우에는 글루타민(glutamine)이라는 아미노산이 가바의 합성에 쓰인다. 이러한 글루타민이 많은 식품으로는 동물의 내장(간), 통밀, 야채, 오렌지, 토마토, 버섯류 등이 있다.

4. 세로토닌

일반적으로 세로토닌(serotonin)은 각성, 수면과 꿈, 기분 등에 관여하며, 부족하면 감수성이 부족해지며, 변덕이 심하거나, 우울, 부정적인 경향을 띠게 된다(백기자, 2011). 세로토닌 체질은 세계 인구의 약 17% 정도를 차지하고 있다. 이러한 세로토닌이 균형을 이룰 때, 세로토닌 체질은 다음과 같은 공통점을 가지고 있다(윤승일, 이문영, 2009).

첫째, 현실주의자이며, 감각적인 것에 민감하게 반응한다.

둘째, 천성이 즐겁게 노는 것을 좋아하며 직장에서나 여가활동 중에도 목적을 위해서보다는 즐거움을 위해 활동에 참여한다.

셋째, 일을 신속히 처리함으로써 성취감을 느낀다.

넷째, 변화를 추구하여 일을 바꾸거나, 같은 일을 새로운 방식으로 시도한다.

다섯째, 몸과 마음이 모두 자극을 잘 받아들이고, 육체적으로 조화를 이루며, 기지가 매우 뛰어나다.

여섯째, 운동신경, 눈과 손의 협조, 유연성, 위기관리 능력이 요구되는 직업에 가장 적합하다.

일곱째, 온갖 종류의 기구나 도구에 능하기 때문에, 건설근로자, 오일정비공, 트럭과 구급차 기사, 군인, 헤어스타일리스트, 바텐더, 조종사, 컴퓨터 프로그래머 등과 같이 최첨단 도구를 다루는 직업을 가진다.

여덟째, 파티나 축하연, 컴퓨터나 비디오 게임, 카지노 같은 곳을 자연히 좋아한다.

아홉째, 무언가 흥분을 느끼는 요소가 있는 것이라면 무엇이든 해보려고 노력한다.

열째, 낙천적이고 명랑하며 편안하고 함께 대화를 하면 재미가 있다.

그러나, 세로토닌이 과다할 때나 결핍될 때에는 [표 Ⅲ-4]와 같은 증세가 나타날 수 있다.

[표 Ⅲ-4] 세로토닌의 과다 및 결핍 증상

구분	특징
과다 증상	• 극도로 불안해짐 • 머뭇거리고, 산만하며, 비판에 발끈하고, 사람들이 자신을 싫어할까 봐 병적으로 불안 • 심하게 수줍음을 타거나 자신을 형편없고 열등한 존재로 생각하는 사람도 있을 수 있음 • 너무 두려운 나머지 사람들과의 교류를 시도조차 하지 못함
결핍 증상	• 우뇌와 좌뇌의 균형도 깨져 몸의 균형을 잃은 듯한 느낌이 듦 • 심한 피로를 느끼거나, 자신을 통제하지 못하거나, 잠을 편히 자지 못하는 증상이 나타남 • 불면증 등의 수면 장애 증상 • 매우 소극적, 열등감, 우울

따라서, 세로토닌이 부족할 경우에는 트립토판(tryptophan)이라는 아미노산이 세라토닌의 합성에 쓰인다. 이러한 트립토판이 많은 음식으로는 바나나, 맥아, 치즈, 메밀, 우유, 요구르트 등이 있다.

지금까지 살펴본 바와 같이, 신경전달물질은 신경세포 사이의 연결 부위인 시냅스에서 화학적 신경정보 전달의 매개체 역할을 하는 분자들을 말한다. 신경전달물질의 성분은 일반적인 내분비 호르몬과 동일하나, 이들이 시냅스에서의 정보 전달 과정의 매개체로 사용되는 경우 신경전달물질이란 이름을 얻게 된다. 현재 약 50~100가지 종류의 신경전달물질이 존재하는 것으로 추정되고 있으나, 감성을 전달하는데 보다 많이 활용되는 신경전달물질에는 에피네프린(epinephrine), 코티졸(cortisol), 노르에피네프린(norepine-phrine), 세로토닌(serotonin), 엔돌핀(endorphin), 도파민(dopamine) 등이 있다. 신경전달물질의 종류와 작용은 [표 III-5]와 같이 정리할 수 있다.

[표 III-5] 신경전달물질의 종류와 작용

종류	주요 작용
에피네프린 (아드레날린)	• 정신과 의식을 명료하게 유지시키는 각성 작용 • 심장과 혈관 및 근육의 작용을 촉진시킴 • 공포나 긴장을 느낄 때 방출 • 독성물질, 활성산소를 발생시킴 • 공격성을 자극
코티졸	• 면역세포의 DNA를 파괴하는 효소의 생성을 촉진시켜 면역세포를 없앰 • 해마의 세포를 파괴하여 기억 장애를 유발함 • 뇌와 신체를 생존지향적으로 만듦 • 해마에 영향을 가함 • 학습과 기억을 감소시킴 • 스트레스를 받으면 농도 증가
노르에피네프린 (노르아드레날린)	• 흥분이나 각성수준을 결정하며 수면과 각성상태, 기분을 조절함 • 혈관 및 근육을 적절하게 긴장시킴 • 투쟁-회피 반응의 각성 기제 • 동공확대, 맥박을 빠르게, 소화억제 • 연결통로: 시상하부, 소뇌 및 전두엽 • 화, 분노의 감정에 동반됨
세로토닌	• 정서, 수면, 기억, 식욕의 조절에 기여함 • 도파민의 활동을 억제함 • 정서를 안정시키는 신경전달물질 • 기억, 수면, 식욕조절 및 체온조절 • 연결통로: 대뇌피질, 시상하부, 해마 • 스트레스 상황에서 감소됨 • 부족: 우울증, 충동적, 공격적 행동

엔돌핀	• 통증을 억제하고 즐거운 마음을 유발함 • 면역력과 인내력을 향상시키고 기억력을 강화시킴
도파민	• 복잡한 정서와 의식적인 동작을 조절함 • 전두엽에서 고도의 정신 기능을 수행하고 창의성을 유발함 • 의식적인 동작활동을 조절 • 뇌의 보상체계 자극, 즐거운 감정 촉진 • 사랑과 존중을 받을 때 분비 • 학습동기에 영향을 줌 • 연결통로: 시상하부, 전두엽 • 부족: 정서에 둔감, 마비, 파킨슨병

일반적으로 학생들의 뇌는 에피네프린, 노르에피네프린, 코티졸 등의 신경전달물질이 일정 범위의 농도를 유지하며 생성되고 소모될 때 가장 안정적인 감정상태가 유지된다. 노르에피네프린의 농도가 지나치게 낮으면 우울증이 유발될 수 있고, 반대로 농도가 지나치게 높으면 육체 전반에 강한 스트레스성 반응이 촉발되는 요인이 될 수 있다. 보통 노르에피네프린과 코티졸은 육체적으로 위험한 상황에서 다량으로 분비되어 심장박동을 늘리고 근육을 수축시키는 방어작용에 사용된다. 적절하게 낮은 수준의 코티졸, 그와 병행하여 적절하게 분비되는 세로토닌과 엔돌핀은 학생들의 행복감을 높이며 자신의 학습에 대해 긍정적인 감정을 지니게 한다.

특히 엔돌핀은 행복감을 증가시키면서 고통을 느끼는 정도도 감소시킨다. 반면에 코티졸의 농도가 만성적으로 높을 경우 변연계의 일부이자 장기기억으로의 전환 중추인 해마(海馬, hippocampus)의 신경망이 손상될 가능성이 있다(Sylwester, 1995).

더욱이, 신경전달물질은 학습과정에서 학습자가 가지게 되는 자아인식에 영향을 준다. 긍정적인 사고와 성공적 경험을 많이 하는 학습자의 뇌에서는 세로토닌(serotonin), 엔돌핀(endorphin), 도파민(dopamine) 등이 피질의 전두엽 등을 중심으로 하여 대량으로 생성되고 활용된다. 그렇게 됨으로써 긍정적인 자아인식을 가지게 될 뿐만 아니라 뇌에서의 인지적 활동의 효율성도 높아지게 된다. 반면에 실패를 반복적으로 경험하면 스트레스 대항성 호르몬인 에피네프린(epinephrine), 코티졸(cortisol), 노르에피네프린(norepine-phrine) 등이 지나치게 많이 분비될 수 있다. 이것들이 필요 이상으로 분비되고 축적되는 경우, 학생들은 진취적이고 창의적인 사고를 하며 학습에 적극적으로 참여하기보다는 부정적인 감정만을 떠올리며 학습에 소극적으로 참여하게 된다.

IV

연령별 두뇌발달의 특징

1. 연령별 두뇌발달 특성

인간의 뇌는 담당하는 기능에 따라 상위 뇌, 중위 뇌, 하위 뇌로 구분할 수 있다. MacLean(1990)은 이들 세 뇌 부위는 모두 태내에서부터 발달하기 시작하지만, 왕성하게 발달하는 시기는 다르다고 설명하고 있다. 상위 뇌 피질(cortex)의 발달은 다른 부위에 비해 상대적으로 늦게 이루어지며 성인기까지도 지속된다(Gazzaniga, Ivry, & Mangun, 2002).

상위 뇌는 고차적 사고나 계획을 담당하는 부위이다. 중위 뇌의 변연계(limbic system)는 생후 15개월에서 4세 무렵까지 활발하게 발달하는데, 변연계의 중요한 구성요소 중의 하나인 해마(hippocampus)는 기억력과 관련하여 그 성숙시기 역시 4세를 전후하여 왕성하게 발달한다(Hannaford, 1995). 이 시기에는 유아의 기억력이 증가한다(김유미, 2002).

중위 뇌의 변연계(limbic system)는 정서, 수면, 호르몬, 성욕 및 냄새를 담당한다. 하위 뇌의 경우 뇌간(brainstem)은 가장 먼저 발달하는 부위로 수정에서 생후 15개월까지 왕성하게 발달한다(Hannaford, 1995), 갓 태어난 신생아 경우도 생존하는데 필요한 호흡이나 체온 조절과 같은 기능을 수행하는 것을 보면 뇌간의 발달이 가장 먼저 이루어짐을 알 수 있다.

한편 뇌의 좌·우반구의 발달의 시기를 살펴보면 역시 그 시기가 다르다는 것을 알 수 있다. 우반구(right hemisphere)의 발달 시기는 4~7세 사이가 가장 많이 발달하는 시기이고, 좌반구(left hemisphere)는 7~9세 사이에 가장 왕성한 발달을 한다(Hannaford, 1995). 또, 뇌량(corpus callosum)은 좌반구와 우반구를 연결하는 커다란 신경섬유 뭉치인데 이는 1세부터 발달하기 시작하여 4~5세 무렵이 되면 안정기에 이른다(Berk, 2000).

또한, 전두엽(frontal lobe), 두정엽(parietal lobe), 측두엽(temporal lobe) 및 후두엽(occipital lobe) 등의 발달은 출생 후 3세까지는 뇌 전반에 걸쳐 발달하다가 3세부터는 앞부분에서 뒷부분으로 발달해간다(Restak, 2001). Greenfield(1997)은 전전두엽 피질(prefrontal cortex)은 대뇌 반구에서 가장 늦게 발달하여, 생후 4~7세에 이르러서야 성숙되는데, 이 영역은 하등 동물에서는 거의 찾아 볼 수 없으나 영장류인 인간에게는 눈에 띄게 잘 발달된다고 설명하고 있다.

지금까지 살펴본 바와 같이 뇌의 발달 과정은 [그림 IV-1]과 같이 도식화할 수 있다.

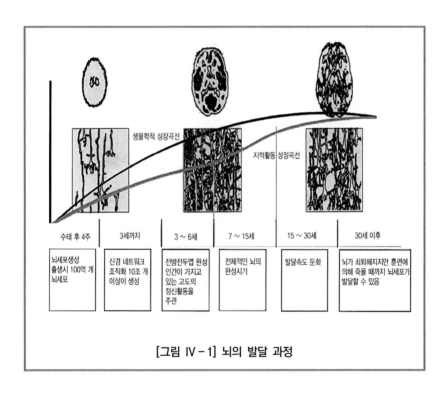

| 생물학적 성장곡선 | | | 지적활동 성장곡선 | | |

수태 후 4주	3세까지	3 ~ 6세	7 ~ 15세	15 ~ 30세	30세 이후
뇌세포생성 출생시 100억 개 뇌세포	신경 네트워크 조직화 10조 개 이상이 생성	전방전두엽 완성 인간이 가지고 있는 고도의 정신활동을 주관	전체적인 뇌의 완성시기	발달속도 둔화	뇌가 쇠퇴해지지만 훈련에 의해 죽을 때까지 뇌세포가 발달할 수 있음

[그림 IV-1] 뇌의 발달 과정

가. 뇌세포 발달기(태아)

수태 후 25일이 되면 등쪽으로 신경들이 모여서 신경파이프를 형성하면서 발달하기 시작한다. 30일이 넘으면서 앞부분이 부풀어 오르면서 뇌가 만들어진다. 기능적으로 분화되어 하위 뇌인 연수에서부터 가장 상위 뇌인 대뇌까지 만들어지면서 100일 정도가 되면 구조가 다 만들어진다(백기자, 2011). 그 이후부터는 뇌세포들이 급속하게 증식되기 시작한다.

특히, 태아의 뇌는 태아기 초기인 8주경부터 형성하기 시작하여 12주가 되면 거의 완성되어진다(정인숙·유영금·강인숙·정태근, 2008). 따라서, 태아기는 뇌세포의 증가가 급격하게 이루어지는 시기이므로 충분한 고단백질의 영양공급이 임신부에게 필수적이다.

그러다 수태 후 8개월이 지나면서 뇌세포들이 가장 많이 증식되는데 이 시기에 갑작스런 뇌세포 소멸이 있으면서 태어날 때쯤엔 약 1,000억 개의 뇌세포를 가지게 된다. 신경 네트워크는 유전자에 의해 결정된 본능적인 기본 네트워크가 구성된다. 수태 후 100일이 지나면 뇌의 인지기능이 시작되기 때문에 100일 때부터는 실제 아이가 눈 앞에 있는 것처럼 생각하고 아이와 대화를 나누고 책도 읽어주고 음악도 들려주는 교육이 필요한 것이다. 실제로 이 시기에 특정 교육, 예를 들면 영어교육이나 음악교육, 산수교육 등을 집중적으로 해주면 태어나서 그 방면에 특출난 재능을 갖게 되는 사례가 많다.

나. 신경네트워크 발달기(생후~3년)

출생 시 뇌의 무게는 350g 정도인데, 첫 돌 무렵에는 800g 정도가 된다. 성인의 뇌 무게가 1,350g인 사실에 비춰본다면 다른 신체기관에 비해 두뇌발달은 출생 초기가 결정적임을 알 수 있다. 태어나면 우선적으로 감각신경세포들이 우리 몸의 모든 감각정보들을 처리하는 신경네트워크를 발달시키기 시작하고 운동신경세포들이 몸의 모든 운동을 조절하기 위한 신경네트워크를 구성하게 된다. 이 과정이 약 1년 이내에 거의 끝난다(백기자, 2011).

특히 생후 첫 1년간은 신체와 뇌의 성장이 급속하게 이루어진다. 그리하여 이 시기를 성장의 급등기라고 한다(김영옥, 박혜리, 최미숙, 황윤세, 2009). 영아기의 두뇌발달은 생후 어느 시기보다 급격하게 이루어지기 때문에 두뇌발달의 결정적인 시기라고 한다. 생후 1년 동안에 발달되는 신경네트워크는 전체의 약 60%가량이 완성된다. 생후 2~3년 동안에는 전체 뇌신경 네트워크의 발달시기로 전체 네트워크의 약 80%가 완성된다고 본다. 이때 다양한 정보의 저장이 이루어지게 된다. 또한 이 시기에 가장 중요한 것은 부모의 따뜻한 사랑이다. 애정결핍으로 자란 아이들이 커서 범죄에 빠지거나 성격이 상이 되는 확률이 아주 높으며 뇌도 그 무게에서 10~15%가량 가볍게 된다.

다. 전전두엽 신경네트워크 발달기(3 ~ 6년)

뇌의 성장은 3세경에 성인의 약 75%까지 성장하며, 6세경이 되면 성인의 약 90%까지 완성된다. 따라서 대뇌와 신경계의 발달은 유아기의 가장 중요한 신체발달 중의 하나라고 할 수 있다. 또 6세경에 뇌와 두골 밑의 신경섬유도 거의 성숙되어 생각하는대로 조작할 수 있는 신경조직이 갖추어지게 된다. 대뇌의 좌반구는 신체 오른쪽의 근육운동을 통제하며 언어, 과학, 수학, 논리에 관한 정보를 처리하는 반면, 우반구는 신체 왼쪽의 근육운동을 통제하며 음악, 미술, 공간지각, 창의력에 관한 정보를 처리한다(김영옥, 박혜리, 최미숙, 황윤세, 2009).

유아기 동안 뇌 크기의 증가는 수초화와 시냅스 밀도의 증가로 인한 것인데, 수초화가 증가할수록 정보가 전달되는 속도가 빨라지고 효율성이 높아진다, 발달심리학자들은 아동발달에 있어 수초화의 중요성을 특히 강조한다. 시냅스는 신경세포의 자극전달부로서 시냅스의 밀도는 출생 후 2세까지 급격히 증가하다가 그 후 감소하여 7세경에는 성인의 수준에 도달하게 된다 (Lynch & Gall, 1979; Paus et al., 1999).

특히, 생후 4~6년 사이는 비로소 인간의 가장 고등 정신작용을 조절하는 시기이다. 생각하고 분석하고 추리하고 종합하며 창조하는 모든 고도의 정신작용이 이 시기에 일어난다. 따라서 전전두엽을 문명의 뇌라고 부른다 (백기자, 2011). 이때부터 아이들은 지적 호기심이 강하게 되어 질문이 많아진다. 그러면서 전전두엽의 신경네트워크가 발달하게 된다. 이때까지 해서 뇌 전체 네트워크의 90%가 완성된다. 2단계까지 구축된 다양한 정보들이 종합되고 새로운 분석능력과 사고능력이 생기면서 질문들이 많아지는 것이다.

라. 좌우뇌 통합 발달기(6 ~ 15세까지)

청소년기 뇌에서 일어나는 변화는 중대한 발달기라는 측면에서 놀랄 정도로 복잡하며 사춘기 청소년의 전전두엽은 신경경로의 구조적 성숙을 하는 단계로서, 뇌 전체적인 통합 발달시기이다. 이러한 사춘기가 시작되는 만 11~12세가 되면 감정 파악의 속도가 20% 정도로 떨어지며, 18세가 되어야 정상수준을 회복하는데 이는 청소년기의 뇌에서 리모델링이 일어나는 동안 전두엽 회로가 상대적으로 비효율적으로 변한다는 것을 발견하였다. 이러한 발견들은 청소년기의 뇌가 성인의 뇌와는 다르게 세상을 느끼고 반영할 가능성에 대해서도 말하고 있는 것이다. 청소년기의 뇌에서 일어나는 수초화 현상은 학습의 결정적인 시기와도 관련이 있다. 수초화 현상이 가장 늦게 일어나는 곳은 전전두엽으로서 청소년기에는 사고의 질이 향상되어 추상적 사고, 합리적인 의사결정, 분석능력의 향상 등 아동기와는 다른 논리적인 기능을 갖추어 나가게 된다(윤일심, 2012).

특히, 3단계까지 전전두엽의 발달이 이루어진 것을 발판으로 좌뇌와 우뇌의 기능들이 본격적으로 통합·발달되면서 인간다운 사고능력이 급속히 발달하게 된다. 비로소 고도의 학습능력을 키울 수 있게 된 것이다. 인간의 뇌는 좌뇌와 우뇌가 기능적으로 분화되어 있는데 절대 제각각 작용하지 않는다. 좌뇌와 우뇌의 역할분담은 작업효율을 극대화시키기 위한 것이고 실제로 한 가지 정보를 처리하기 위해서는 좌뇌와 우뇌가 협력적으로 일하게 된다. 만일 이러한 통합작용이 떨어지게 되면 지적능력과 뇌 활동능력이 떨어지게 된다. 그래서 6세까지 모국어가 충분히 발달되었으면 12세까지 제2외국어를 익힐 수 있는 최적시기가 된다. 이때 외국어를 익히게 되면 마치 모국어처럼 익힐 수 있게 되며 그 능력은 평생 가게 된다. 이 시기는 초등학교와 중학교를 다니게 되는 시기로 다양한 과목에 대한 학습이 이루어진다. 중요한 것은 스스로 학습할 수 있는 습관을 길들이는 것이다. 뇌발달은 외부정보를 스스로 처리해야 이루어진다. 외부에서 주입되는 주입식 교육과 단순 반복학습은 뇌발달을 편향되게 만들고 신경네트워크의 발달도 느리게 된다. 능동적으로 스스로 학습하는 뇌만이 제대로 신경네트워크를 발달시켜 뇌기능을 최적화시키게 된다(백기자, 2012).

마. 전성기(15 ~ 35세)

고등학교, 대학교, 대학원 및 사회생활을 하는 시기이기 때문에 가장 고도의 지적활동을 하게 된다. 이 시기에 가장 높은 창의력이 나타나게 되며 새로운 발명도 이때 가장 활발하게 된다. 이러한 창의력은 인간이 지니고 있는 지적 능력 중 가장 뛰어난 능력으로서 지적 능력이 최고도로 종합되었을 때 발달되는 것이며 깊은 내면의식의 각성이 뒷받침되어야 완성된다(백기자, 2011).

바. 쇠퇴기(35세 이후)

35세가 넘으면 뇌세포의 파괴속도가 급속히 증가하면서 신경네트워크가 파괴되기 시작한다. 45세가 넘으면서 노안을 비롯하여 뇌 노화로 인한 육체적인 노화현상이 나타나기 시작하고, 50세가 넘으면서 뇌세포의 급속한 파괴로 기억력이 현격히 저하되기 시작한다. 60세 이후는 노인 뇌로 바뀌면서 다양한 노화현상들이 현저히 드러나게 된다. 노인과 유아의 차이는 노인은 뇌세포의 파괴로 인한 신경네트워크 약화인데, 유아는 뇌세포는 충분한데 신경 네트워크 미숙으로 인한 약화이다(백기자, 2011).

지금까지 살펴본 바와 같이 두뇌 발달 특성을 정리하면 [표 IV-1]과 같이 요약할 수 있다(백기자, 2011).

[표 IV-1] 연령별 두뇌 발달 특성

단계	발달기	시기	특성
1	뇌세포	태아기	태교, 수태 후 100일이 지나면 뇌의 인지 기능 증식, 8개월이 지나면 뇌세포 증식
2	신경 네트워크	0~3세 (영아)	전뇌가 고루 발달하도록 다양한 자극 주기, 신경네트워크 60% 가량 완성
3	전전두엽 신경 네트워크	3~6세 (유아)	인간성을 담당하는 전두엽의 발달, 인간다운 사고능력, 신경네트워크
4	좌·우뇌 통합	6~15세 (초·중)	• 언어교육, 전두엽 발달 발판으로 좌·우뇌의 기능 통합, 인간다운 사고능력 발달, 6세 모국어, 12세 외국어, 능동적인 뇌가 뇌기능 최적화, 두정엽과 양 옆의 측두엽이 발달 • 공간 입체적인 사고기능, 즉 수학, 물리학적 사고를 담당하는 두정엽도 이때 발달 • 12세 이후 시각기능 담당 후두엽

| 5 | 전성기 | 15~35세 | 뇌의 날개, 고도의 지적 활동, 뇌능력의 발달 3단계, 화두는 창의력, 창의력은 지적 능력 중 가장 뛰어난 능력, 지적 능력이 최고도로 종합, 내면의식이 뒷받침 |
| 6 | 쇠퇴기 | 35세 이후 | 뇌세포 파괴, 신경네트워크 파괴, 기억력 저하, 신경네트워크 약화(파괴) |

이 외에도 연령별 두뇌 발달 특성과 그에 따른 교육방법을 정리하면 [표 IV-2]와 같다(윤일심, 2012).

[표 IV-2] 연령별 두뇌 발달 특성에 따른 교육방법

시기	단계	뇌변화	뇌파	심리상태	교육방법
수태중	뇌세포 형성	1,000억 개 뇌세포 형성	측정 불능	산모의 안정이 중요	충분한 영양 공급과 안정, 많은 대화
~6개월	기본 신경망 구성	감각, 운동, 언어신경망 발달시작	델타파	숙면상태	감각, 운동, 언어 신경망 발달을 위해 운동과 많은 대화
~1년	기본신경망 발달 (60%)	감각, 운동, 언어신경망 발달	세타파	수면상태	감각, 운동, 언어 발달을 위해 운동과 많은 대화, 정보제공
~3년	전체신경망 발달 (80%)	전체신경망 발달	세타파 > 알파파	수면상태 외부자극에 수동적	많은 대화와 많은 정보제공
~6년	전전두엽 발달 (90%)	전전두엽의 신경망 발달	세타파 > 알파파	외부자극 수용, 자의식 형성	창조, 분석, 사고, 논리력 증진, 모국어 완성

~12년	전뇌발달	뇌 전체신경망 발달	알파파 > 베타파	자기조절기능, 타인의 의식	제2외국어 완성, 종합적 사고능력 배양
~15년	뇌 완성	뇌발달이 완성, 성인의 뇌	알파파 > 베타파	사춘기, 성인으로 전환	종합적 사고능력 배양
~45년	뇌전성기	신경망 유지	알파파	안정상태	종합적 사고능력 배양
~45년 이후	노화	신경망 퇴화	세타파	노인성심리	부단한 학습

2. 결정적 시기

아동의 뉴런들은 성인보다 더 많은 연결고리를 만든다. 특히, 환경이 좋을수록 더 많은 연결고리를 만들어 학습이 더 빨리 일어나고 더 많은 의미를 가진다. 그러나, 청소년이 되는 사춘기 시절의 뇌는 경험을 토대로 연결고리를 선택적으로 강화하거나 제거함에 따라 유용한 연결고리는 영원히 유지되고, 그렇지 않은 것은 소멸되는 아포토시스(apoptosis) 과정이 일어난다(Sousa, 2011).

특히, 뇌가 신경연결망을 형성하거나 공고화하기 위해 특정한 투입 정보에 반응하는 중요한 결정적 시기를 기회의 창(Windows of Opportunity)이라고 한다. 이러한 기회의 창이 닫히면 해당 과제에 할당된 뇌세포들은 제거되거나 다른 과제를 해결하기 위해 배정된다(Diamond & Hopson, 1998).

[표 IV-3] 발달 유형별 기회의 창 시기

구분	특징
운동발달	• 태아기부터 8세까지 • 단순과제 및 복잡한 연합 포함 • 창이 열리는 기간에 학습된 운동은 숙련되게 학습될 가능성이 높음(창이 작아진 후도 운동기술 학습 가능) • 대부분 저명한 운동연수, 음악가 등은 8세 이전 운동기술 연습
정서통제	• 2개월부터 30개월까지 • 정서(변연계)가 이성(전두엽)보다 먼저 발달 • 정서와 이성의 치열한 싸움(미운 두 살) ※ 청소년 시기에 위험한 상황 개입 이유 설명
언어습득	• 태어난 후 10~12세까지 • 초등학교 시기에 외국어 수업을 시작하는 근거

어휘발달	• 2개월부터 6세까지 • 아이에게 더 많은 어휘 노출 및 아이 사용 격려
수학 및 논리	• 태어난 후 4세까지 • 기초적 수 감각 • 언어적 표현 없어도 숫자 관계 인지 가능
악기연주	• 3~10세까지 • 태어난 후 3개월부터 음악에 반응을 하기는 하지만 화음넣기나 노래부르기, 악기연주는 불가능

　　한편, 운동발달, 정서통제, 어휘, 언어습득, 수학 및 논리, 악기 연주 등
특정 연령대별 기회의 창을 제시하면 [표 IV−3]과 같이 정리할 수 있다
(Sousa, 2011). 이러한 기회의 창을 도식화하면 [그림 IV−2]와 같다.

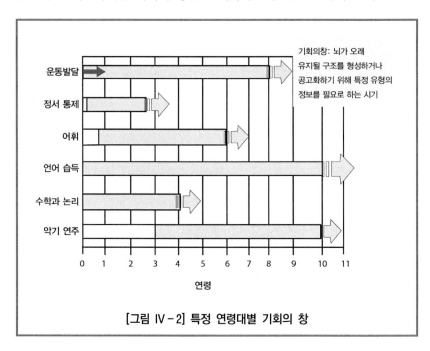

[그림 IV-2] 특정 연령대별 기회의 창

특히, 두뇌의 변연계와 전두엽 발달은 [그림 IV-3]에서도 알 수 있듯이, 청소년기에 감성 측면의 변연계가 이성 측면의 전두엽보다 더 빨리 발달하기 때문에, 청소년기에 학교폭력 등 다양한 문제행동이 일어날 수 있다.

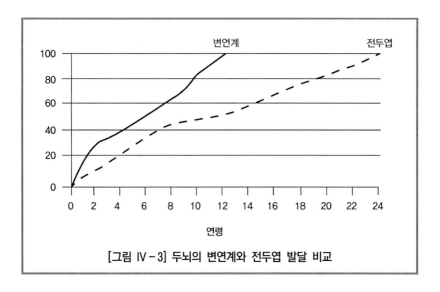

[그림 IV-3] 두뇌의 변연계와 전두엽 발달 비교

3. 성별 두뇌발달 차이

남성과 여성의 뇌는 [표 IV-4]와 같은 구조적·발달적·수행적 차이를 보인다(Cahill, 2005; Baron-Cohen, 2003; Gazzaniga et al, 2002; Everhart et al, 2001; Gur et al, 1999).

[표 IV-4] 남성과 여성의 두뇌발달 차이

구분	남성	여성
회백질	좌뇌 > 우뇌 여성보다 적음	좌뇌 = 우뇌 남성보다 많음
백질	좌뇌 = 우뇌 여성보다 많음	남성보다 적음
뇌량	여성보다 작고 얇음	남성보다 크고 두꺼움
편도	여성보다 빨리 자람(공격성) 여성보다 큼 정서적 자극에 우뇌 편도 활성화(상황중심 요약 기억)	남성보다 늦게 자람 남성보다 작음 정서적 자극에 좌뇌 편도 활성화(구체적 사실 기억)
해마	여성보다 늦게 자람 여성보다 작음	남성보다 빨리 자람 남성보다 큼
언어	좌뇌(독점) 여성보다 뉴런 밀도 낮음	좌뇌(주) + 우뇌(추가) 남성보다 뉴런 밀도 높음
인지	대상 3차원 회전, 목표지향 운동기술, 복잡한 도표에서 숨은 모형 발견, 수학적 추론, 공간 과제 등 여성보다 더 잘 수행	지각속도, 언어유창성, 대상 위치 결정(순서), 대상 특성 식별, 수학계산 등 남성보다 더 잘 수행
정서	여성보다 변연계가 더 좁음	남성보다 변연계가 더 넓음 다른 정서유형 더 잘 인지

얼굴 재인 및 표현	우뇌>좌뇌	좌뇌>우뇌

뇌 발달의 구조적·발달적·수행적 차이를 가지는 원인은 [표 IV-5]와 같이 정리할 수 있다(Sousa, 2011; Cahill, 2005).

[표 IV-5] 두뇌 발달의 성별 차이 원인

구분	내용	비고
호르몬	테스토스테론 등 호르몬 영향	테스토스테론은 남성 좌뇌 발달 지연(우뇌 의존, 왼손잡이 많음)
자연 선택	노동력 분화(남자성-사냥, 여성-집안일)	길찾기능력, 공간능력, 목표물 겨냥기술 등(남성), 집안일, 섬세한 운동능력, 언어기술(여성)
환경	감각 발달 차이 여가시간 차이	청각, 촉각(좌뇌)은 여성이 더 발달 TV시청시 여성(대화-좌뇌), 남성(시각-우뇌)

이 외에도 뇌 가소성의 특징에 따른 두뇌 발달 단계를 소개하면 과잉생산 단계, 가지치기 단계, 수초화 단계 등 [표 IV-6]과 같이 정리할 수 있다.

[표 IV-6] 뇌 가소성의 특징에 따른 두뇌 발달 단계

구분	뇌가소성 특징	발달 시기	교육적인 특징
과잉생산 (1단계)	뉴런, 시냅스 증가	영유아기 아동기	많은 정보 및 경험 제공
가지치기 (2단계)	뉴런, 시냅스 감소	사춘기	긍정적 정보 및 경험 연습 및 반복 훈련을 통한 습관 형성
수초화 (3단계)	정교화	청소년기 성인기	올바른 가치관 및 인격 형성

2부

뇌기반 자기주도적 학습의 이해

두뇌유형의
개념 및 특징

1. 두뇌유형

두뇌를 바라보는 학자들의 관점에 따라 두뇌유형을 구분하고 그 특징들에 따른 개념 및 구성요소를 살펴보고자 한다. 두뇌유형을 좌뇌-우뇌의 대뇌 반구 모형(CHM: Cerebral Hemispheric Model), 대뇌피질-대뇌변연계-뇌간의 삼위일체두뇌 모형(TBM: Triune Brain Model), 전뇌 모형(WBM: Whole Brain Model)으로 구분하고 두뇌의 구조와 기능적 측면에서 접근한 이론들을 살펴보면 다음과 같다.

① 좌뇌와 우뇌

두뇌유형을 구분하는 가장 일반적인 기준은 좌뇌와 우뇌로 구분하는 것으로서 Roger Sperry의 연구에서 기인한다. 당시 뇌전증에 대한 치료법으로 좌뇌와 우뇌를 연결하는 뇌량을 절단한 환자들을 대상으로 한 연구를 통해, 좌뇌와 우뇌의 대조적인 정보처리 기능과 상호보완적인 기능들에 대해 밝혔다. 좌뇌는 주로 분석적, 논리적, 언어적 사고의 특성을 가지고, 우뇌는 주로 시각적, 직관적, 전체적인 사고의 특성을 담당한다.

또한, 좌뇌와 우뇌는 각각 자기 영역에 투입된 정보를 고유한 방식으로 먼저 분석하고, 상당한 정도의 정보처리가 이루어지면 다른 반구와 교환·비교하면서 좀 더 포괄적이고 정교한 정보를 획득하는 경향이 있다(김유미, 2003). 좌뇌와 우뇌의 기능을 더 자세하게 소개하면 다음 [표 I-1]과 같이 정리할 수 있다(Jensen, 2007).

[표 I-1] 좌뇌와 우뇌 기능 비교

구분	기능
좌뇌의 기능	• 순차적이고 계속적인 행동을 끊임없이 점검한다. • 시간, 계열, 세부(details), 순서에 대한 인식을 담당한다. • 청각적 수용, 언어적 표현을 담당한다. • 단어, 논리, 분석적 사고, 읽기와 쓰기를 전문적으로 다룬다. • 옳고 그름에 대한 경계와 인식을 담당한다. • 규칙과 최종 기한을 알고 따른다.
우뇌의 기능	• 신기성(novelty)에 주의를 기울이게 하며, 누군가가 거짓말이나 농담을 할 때 그것을 알려준다. • 전체적인 상황을 이해하는 것을 전문적으로 다룬다. • 음악, 미술, 시각-공간적 및 시각-운동적 활동을 전문적으로 다룬다. • 책을 읽거나 이야기할 때 심상(mental images)을 형성하도록 돕는다. • 직관적 및 정서적 반응을 담당한다. • 관계를 형성하고 유지하도록 돕는다.

출처: Jensen(2007)

좌뇌와 우뇌의 두뇌유형 구별법은 좌뇌와 우뇌의 기능적 차이에 근거하여 어떤 영역을 선호하는가에 따라 구분하였으며, 지금까지 좌뇌와 우뇌 영역에 대해서 구체적으로 밝혀진 하위 기능들이 다수 존재하는데, 이를 단순히 두 가지 기능으로 분류하는 것은 지나치게 단순화시켰다는 한계가 있다. 두뇌는 좌뇌, 우뇌가 각각 기능을 하는 것이 아니라 서로 정보를 교환하면서 상호보완적인 역할을 한다. 따라서 어떤 부분을 좌뇌 영역, 우뇌 영역이라고 단정 짓는 것보다 양쪽 두뇌가 균형을 이루며 서로 협조하는 것으로 보아야 하며, 나아가 두뇌유형을 더 확대하여 상세하게 구분하여야 한다.

② 삼위일체 두뇌 모형

신경과학자 Paul D. MacLean이 제시한 삼위일체 두뇌 모형은 대뇌피질, 대뇌변연계, 뇌간의 3단계로 구분한다. 즉 두뇌는 본능을 움직이는 뇌(파충류의 뇌)에서, 감정을 관장하는 뇌(포유류의 뇌)로 확장되고, 최종적으로 이성을 관장하는 뇌(사람의 뇌)가 둘러싸고 있다. MacLean은 인간의 두뇌를 진화의 관점에 기반을 두고 있으며, 생명을 관장하는 본능적인 뇌간에서 감정을 관장하는 대뇌변연계로, 이성을 관장하는 대뇌피질로 점차적으로 진화하였다고 보았다.

③ 전뇌 모형

Hermann은 좌뇌-우뇌의 대뇌 반구 모형과 삼위일체두뇌 모형을 결합한 전뇌 모형(WBM: Whole Brain Model)을 기반으로 하여 두뇌유형을 다음 [그림 I-1]과 같이 분류하였다. 즉 두뇌의 구조를 좌뇌와 우뇌 및 대뇌피질과 대뇌변연계의 두 가지 기준에 의해 두뇌를 4사분면으로 분할하고 4사분면의 구조적 위치에 해당하는 기능을 구분하여 뇌 활용 성향을 나눈 것이다.

Hermann(1996)은 기업의 조직구성원들을 대상으로 수만 건의 연구를 통해 뇌간을 제외한 인간의 정신활동과 직접적으로 연관된 대뇌변연계와 대뇌피질을 좌우 반구의 특성과 결합하여 인간 특성을 분류한 4분할 모형 즉 전뇌 모형(whole brian model)을 다음 [그림 I-1]과 [표 I-2]와 같이 제안하였다. 좌상뇌는 논리적 활용, 좌하뇌는 구조적 활용, 우하뇌는 감정적 활용, 우상뇌는 직관적 활용에 해당된다.

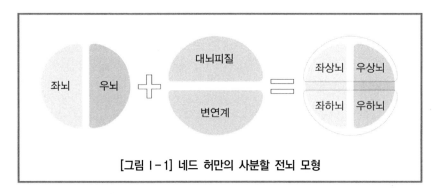

[그림 I-1] 네드 허만의 사분할 전뇌 모형

출처: Bunderson(1974)

[표 I-2] 네드 허만의 전뇌 모형 영역 및 기능

영역	기능
좌상뇌 (the upper left cerebral)	논리적, 수리적, 문제해결 등 정량적이며 분석적 사고기능을 담당하여 현실을 모니터링하고 분석하는 능력
좌하뇌 (the lower left limbic)	통제적, 보수적, 계획적, 조직적, 순차적 사고기능을 담당하여 일을 진척시키는 능력
우하뇌 (the lower right limbic)	대인관계, 감정적, 음악적, 영적인 기능을 주로 담당하여 외부로부터 아이디어를 얻고 우호집단을 형성하는 능력
우상뇌 (the upper right cerebral)	시각적, 통합적, 예술적, 동시적 사고기능을 담당하여 미래를 직시하고 전체를 보는 능력

출처: Hermann(1996)

이상에서 살펴본 두뇌 유형에 관한 이론들을 종합해 볼 때, 뇌의 구조와 기능적인 관점에서 좌뇌와 우뇌의 수평적인 통합, 대뇌피질—대뇌변연계—뇌간의 수직적인 통합을 이루고, 뇌의 전체 영역이 상호 유기적인 기능을 한다는 것을 반영한 허만의 전뇌 모형을 두뇌유형으로 정의하였다.

II

학습유형의
개념 및 특징

1. 학습유형

(1) 학습유형의 개념

학생들은 같은 교실에서 같은 선생님께 같은 교과내용을 같은 교수-학습방법으로 배운다. 전통적인 강의식 수업이든 학생활동중심의 모둠식 수업이든 학생들의 개별 특성은 고려하지 않고 동일한 수업방법으로 학생들을 가르친다. 하지만 학생들은 저마다의 다른 인지적·정서적·행동적 특성을 가지고 있으며, 신경생리학적 특성 또한 다르기 때문에 자신만의 독특한 방법으로 생각하고 이해하며 반응한다.

학습유형이란 학습자가 무엇인가를 배울 때 특별히 선호하는 감각기관에 따라 분류한 유형으로서, 동일한 조건에서 가장 효율적으로 학습할 수 있는 방법을 말한다. 학습유형은 개인에 따라 다르며 학습자는 이미 익숙해있고 자신의 강점이 되는 유형을 고수하려는 경향을 나타내므로 자신의 유형을 파악하는 것이 중요하다. 자신의 유형에 맞춰 학습하면 적은 노력으로도 높은 효과를 낼 수 있기 때문이다. 학습이 어느 한 가지 감각에 의존해서만 이루어질 수 있는 것은 아니기 때문에 자신의 단점을 보완하기 위해 다른 유형의 학습도 활용하도록 한다(정종진, 2008).

또한, 학습유형은 학습하는 과정에서 나타나는 행동양식으로 학습습관, 방법, 요령 등을 총괄하는 복합적인 학습자의 특성이며 새로운 개념이나 원리를 학습해 나가는 지식을 다루는 독특한 방식이다(임창재, 1994). 학습유형은 각 학습자들이 정보를 인식하는 방식과 정보를 처리하는 방식의 조합으로 학습자들이 선호하는 학습유형은 어떤 정보나 지식을 경험하고 새로운 상황에 직면했을 때 태도에 많은 영향을 미치므로 개인적 고려사항이 되어야 한다(안화실, 2010).

학생들은 학습유형에 따라 학습방법을 달리 모색함으로써 과제수행능력이 향상되고 교과에 대한 자기효능감과 긍정적인 학습태도가 나타나게 되는데(김정미, 2010), 특히 학습태도는 자기주도적 학습과 밀접한 관련성이 있는 것으로 학습에 영향을 미치는 정의적 특성 중 결정적인 요인으로 간주되며 어떤 행동이나 학습활동을 하는 데에 있어 강력한 영향력을 줄 수 있다(권재현, 윤선영, 2009).

이러한 학습유형과 유사한 개념으로 학습양식이 있다. Dunn(1996)은 학습양식의 정의를 정보를 선택하고 획득하는 능력에 영향을 주는 학습자세 또는 선호하는 학습환경이라고 정의하였다. 즉 학습양식은 학습자가 여러 학습환경에서 학습하는 태도, 능력이라고 할 수 있다. Kolb(1999)는 학습양식이란 유전, 과거의 경험, 그리고 개인의 경향에 의해 결정되는 것이라 하였다. 즉 학습자가 유전적으로 타고난 성향과 자신의 경험, 성격에 따라 학습하는 방식이 다르다는 것이다. 학습유형과 관련된 학습양식 등 다른 용어를 학습유형으로 정의하고자 한다. 학습유형을 정의한 대표적인 학자들의 주장을 요약하면 다음 [표 II-1]과 같다(정종진, 2006).

이상에서 살펴본 학습유형들은 학습자의 뇌기능 및 뇌특성을 반영하지 않은 정의들이다. 학습은 근원적으로 뇌에 기반하여 이루어지기 때문에 본 연구에서는 기존 학자들이 정의한 학습유형을 종합하여 두뇌기반 학습유형으로 정의하고, 허만의 전뇌 모형에 기반하여 학습자들이 자신의 두뇌유형에 알맞은 방식으로 학습과정에서 학습습관, 학습방법, 학습요령을 총괄하는 복합적인 학습자의 특성이며 새로운 개념이나 원리를 학습해 나가는 지식을 다루는 독특한 방식으로 정의하였다.

[표 II-1] 학습유형의 정의

구분	학습유형 정의
Gregorc (1979)	사람들의 정신작용과 그들이 어떻게 사물을 지각하는가를 설명해줄 수 있는 독특하고 관찰될 수 있는 행동으로 지속성이 유지되는 심리적 특성
Fischer & Fischer (1979)	학습양식은 교수－학습과정을 설명하는데 도움이 되는 가설적인 구성
Keefe (1987)	학습자가 학습환경에 대한 지각과 반응에 대한 비교적 지속적이고 안정적인 징표로서 작용하는 독특한 인지적·정의적·운동기능적인 행동
Dunn, Dunn & Price (1984)	환경요인, 정서요인, 사회적 요인, 신체적 요인 등에 있어서 학습자들이 보여주는 학습하는 요령
박완희 (1984)	학습자 개개인들이 가장 효과적으로 지식, 정보를 획득하여 파지하고 재생, 재인시키는 과정에서 나타나는 독특하고도 지속적인 일련의 비지시적 행동
임창재 (1994)	학습하는 과정에서 나타나는 학습자 특성으로 학습습관, 학습방법, 학습요령 등 여러 가지 요소로 구성된 개념으로 학습자가 학습할 때의 상황이 전제되며, 어느 정도의 지속성과 안정성을 지닌 학습자 특성
민경일 (1998)	학습자의 개별성과 관련된 개념으로 비지적인 행동으로 어느 정도의 불변성과 지속성을 가진다. 학습상황에서 나타나는 학습자의 학습습관, 학습방법, 학습요령 등을 통합하는 행동들의 묶음
김은정 (2001)	학습자가 교수학습과정에서 학습정보를 처리하는 인지적, 정의적, 심리운동적인 학습방법들의 집합으로서 일정한 경향성을 가진 학습자 특성
교육학대백과 사전 (1998)	학습과제 또는 학습환경에서 최선의 학습효과를 얻기 위하여 학생들이 드러내는 인지적, 정의적, 신체적 행동 양식의 총체

출처: 정종진(2006)

III

두뇌유형과
학습유형의 관계

1. 두뇌유형과 학습유형의 관계

(1) 뇌기반 학습

뇌기반 학습은 다음 [그림 Ⅲ-1]과 같이 신경과학, 교육학, 심리학 등 다양한 인접 학문이 서로 상호 소통하는 과정에서 만들어졌다. 따라서, 두뇌기반 교육은 신경과학 연구에서 밝혀낸 정보를 바탕으로 두뇌가 학습하는 원리를 탐색하고 학습자와 학습환경에 대해 총체적으로 바라보는 학문이다(한국뇌기반교육연구소, 2013). 이러한 두뇌기반 교육은 21세기에 들어와 전 세계적으로 새로운 교육 패러다임으로 강조되고 있다.

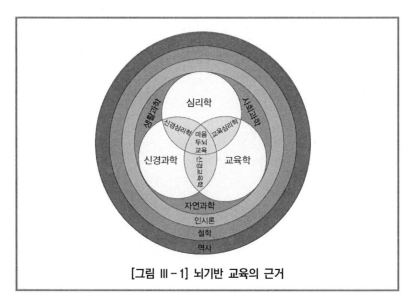

[그림 Ⅲ-1] 뇌기반 교육의 근거

출처: 한국뇌기반교육연구소(2013)

한편, 두뇌기반 학습은 뇌의 기능과 구조에 대한 연구로부터 직접 얻어진 사실과 지식에 일치되는 원리와 전략을 수업에 적용하는 것을 말한다. 즉 뇌가 습득하는 학습의 원리를 토대로 인간의 정서와 동기, 지각, 학습, 기억 등의 인지심리학적 원리를 중심으로 개개인의 다양함을 인정하고 경험학습을 중시하며, 사회적 커뮤니케이션과 지식과 공유를 통한 실제적이고 실천적인 학습과정이다. 따라서 두뇌기반 학습에서는 지식을 전달하고 이해하는 전통적인 교육 대신, 적절한 탐구과정과 문제 해결과정을 통해 경험으로부터 지식을 습득하고, 활용하는 능력을 기를 수 있다.

결론적으로 두뇌기반 학습은 인지심리학, 신경과학(뇌과학), 교육학 등의 학제적 접근과 연구결과를 바탕으로 학습자의 잠재력을 일깨우고 신경세포의 활동과 좌반구와 우반구 사이의 연결을 활성화시킴으로써 뇌 기능이 효과적으로 작용할 수 있도록 가르치고 배우는 가속학습과 전뇌학습의 원리에 기반을 둔 교육으로 정의할 수 있다(정종진, 2004).

또한 구성주의 이론에서 보면 교사는 학생들이 학습을 구성하도록 경험을 제공하고 학습을 촉진시키는 역할을 하며, 학생은 지식의 의미를 능동적으로 구성한다(변영계, 2005). 즉, 학습의 주체는 학습자이며, 학습은 지식의 주입이 아니라, 학습자가 스스로 경험에 의해서 구축해 나가는 것이기 때문에, 학습자가 능동적으로 학습의 과정에 참여하고, 학습의 과정에 대해서 책임을 질 때 가장 효과적이다(윤광보, 김용욱, 최병옥, 2003).

특히, 두뇌기반 교육은 교사의 개별 유능성에 기대거나 또는 교육을 이해하는 학습자의 개별 유능성에 맡겨져 교육적 효과를 추구하는 구성주의적 교육적 접근 방법의 한계를 극복하기 위해 대두되고 있다. 즉, 두뇌기반 교육은 교사와 학생들이 뇌과학을 기반한 교수－학습방법을 구체적으로 제시함으로써 교사들의 교수와 학생들의 학습에 도움을 주는 교육 이론이다.

학자들마다 두뇌기반 교육의 개념을 다양하게 정의하지만, Caine와 Caine(1994)는 뇌의 학습기제와 작용에 적합하게 가르치고 배우는 것으로 정의하였고, Jesen(1998)은 학습자의 뇌가 학습하는 방식에 기반을 둔 포괄적 접근으로, 뇌가 어떻게 작용하는지에 대한 원리들을 기반으로 가르치고 배우는 것으로 정의하였다.

(2) 두뇌유형과 학업성취도의 관계

일반적으로 두뇌를 이야기할 때 언급하는 좌뇌, 우뇌 이론도 두뇌 과학의 연구성과물로서 이와 같은 좌뇌, 우뇌의 기능적 차이를 두뇌과학에서는 뇌의 기능분화 또는 대뇌반구의 기능분화라고 한다(백기자, 2010). 뇌기능 분화에 관한 연구결과에 의하면 좌뇌는 언어적, 계열적, 시간적, 논리적, 종합적, 직관적으로 정보를 처리하며, 우뇌는 비언어적, 공간적, 동시적, 형태적, 종합적, 직관적, 통합적인 방식으로 정보를 처리한다(강호감, 1991). 고영희(1991)에 의하면 좌뇌가 우세한 사람은 문제를 해결할 때 체계화된 접근을 하려고 하며, 극단적으로 우뇌가 편중이거나 또는 우뇌에 치우친 사람은 대개의 경우 공상이나 예감에 중요성을 인정하며 신뢰를 가진다.

뇌기능분화와 학업성취도의 관계는 좌뇌 우세형 아동 집단이 학업성취도에 유리하게 나타났다(박숙희, 1994; 이경준, 1983). 또한 뇌기능분화 이론에 따르면, 좌뇌는 언어적 과제인 말을 통한 학습, 즉 읽기, 작문 등과 수학 등의 창의력을 주로 요하는 예술과목에 그 우세를 보이고 있다(이경준, 1983). 중학교 학생의 국어, 영어, 수학, 과학은 좌뇌 성취와 높은 상관을 보였으며, 음악, 미술은 우뇌 성취와 높은 상관을 나타냈다. 국어성적은 좌뇌 성취가 우뇌 성취보다 더 높은 상관을 보였고, 미술 성적도 좌뇌 성취가 우뇌 성취보다 높은 상관을 보였다(서혜경, 1983).

뇌의 인지특성과 학업성취도 간에는 의의 있는 관련성이 있으며, 일반적으로 좌뇌우세아 집단이 우뇌우세아 집단에 비해 학업성적이 높은 것으로 나타났다(이경준, 1983). 김유미(2003)는 기억, 정서, 동기, 동작, 음악 등을 학습과 연관시키고 뇌기반 교수와 학습의 전략을 개발하는 연구에서 뇌기반 학습이론이 학업성취도를 높이고 탐구능력을 증진시킨다고 하였다.

뇌기반 학습이 학습에 미치는 영향에 관한 연구(서혜경, 1983; 이경준, 1983; 강호감, 1991; 김유미, 2003)들에서 알 수 있듯이, 뇌의 기능과 구조에 대한 연구로부터 직접 얻어진 사실과 지식에 일치되는 원리와 전략을 수업에 적용하는 두뇌기반 학습은 뇌가 습득하는 학습의 원리를 토대로 개개인의 두뇌 기능 분화의 다양한 특성을 반영하고 자신의 두뇌유형에 알맞은 경험학습을 중시하는 학습전략을 사용하기 때문에 학업성취에 큰 영향을 준다고 할 수 있다.

(3) 뇌기반 학습 유형

뉴런과 뉴런이 만나는 부위를 시냅스(synapse)라고 한다. 시냅스 연결구조는 변하기도 하고, 새로운 연결을 만들기도 한다. 이러한 과정이 기억과 학습이 일어나는 기본 토대가 된다(한국뇌기반교육연구소, 2013). 학습은 해마와 여러 대뇌피질 영역이 복잡하게 연결된 회로의 작용을 통해 기억이 형성되고 재생됨으로써 일어난다. 학습은 뇌를 기반으로 일어나는 작용이므로 뇌의 정보 전달 과정이라고 볼 수 있다. 학습은 밖에서 들어오는 정보와 자신의 뇌의 상호작용으로 뉴런의 물리적·화학적인 변화가 일어나는 과정이므로 개인의 뇌의 특성에 따라 학습도 다르게 일어나는 것이다. 성장과 학습의 과정을 거치는 동안, 대뇌피질의 작용으로 신경 전도가 활발히 일어나는 부위의 시냅스는 두터워질 뿐만 아니라 새로운 시냅스를 추가적으로 계속해서 형성시켜 나간다.

또한, 김성일(2003)은 뇌에서 이루어진다는 대전제 아래 인간의 사고 및 학습과정에 대한 과학적이고 체계적인 접근방법으로 뇌의 인지기능 및 구조에 대한 과학적 이해를 바탕으로 학습자의 뇌를 효율적으로 활용할 수 있는 적절한 교수 − 학습환경을 설계하고자 하는데 목표를 둔 새로운 교육 이론으로 정의하였다.

따라서 본 장에서는 내부와 외부에서 받은 자극이 감각중추인 대뇌피질에 전달되어 의식하고 지각하는 방법으로 시각, 청각, 운동감각 중 선호하는 지각 방법에 따라 구분한 시각적 · 청각적 · 운동감각적 학습유형과 여러 가지 지각이 통합되어 어떤 대상을 인지하는 과정에서 상황의 영향을 받는 정도에 따라 구분한 장독립적 · 장의존적 학습유형, 좌뇌와 우뇌의 기능을 고려하여 뇌 전체를 종합적으로 사용할 수 있도록 의도한 4MAT 학습유형을 뇌기반 학습유형으로 보았다. 이들 학습유형들은 뇌의 정보전달 과정과 뇌의 인지 과정 및 좌뇌와 우뇌의 기능을 종합적으로 구분한 학습유형이므로 각각의 학습유형별 학습자 특성과 교수−학습방법을 중심으로 고찰하고자 한다.

(가) VAK 학습자 특성 및 교수-학습방법

시각적 · 청각적 · 운동감각적 학습자 특성 및 학습자의 교수−학습방법은 다음 [표 III−1]과 같이 정리할 수 있다(Tileston, 2006). 시각적 학습자는 아무리 흥미로운 주제일지라도 말로 하는 강의에서 정보를 얻는 데는 어려움을 겪는다. 그들은 시각을 강점으로 하여 학습을 수용하므로 강의에서 시각자료를 적절히 활용하는 것이 그들에게 큰 도움이 된다. 청각적 학습자는 훌륭한 강의에 자극을 받으면 몇 시간이라도 강의를 들을 수 있다. 학습정보를 처리하는 학습에 있어서 그들은 청각을 강점으로 수용한다. 운동감각적 학습자는 자주 움직인다는 것과 활동을 하면서 하는 학습을 가장 잘 학습한다.

강의에서 유인물, OHP, 파워포인트, 유머러스한 만화를 이용하는 것이 이들에게는 큰 이점이 된다. 그리고 메인아이디어를 시각적으로 접근시키기 위해서 종종 개념지도(concept map)를 그려본다. 시각자료로 차트, 포스터, 컴퓨터 소프트웨어 등을 활용할 수 있다. 시각적 학습자는 보는 것을 통해 학습하기 때문에 그래픽 문서, 그래프, 도표 등의 형상을 쉽게 기억한다.

[표 Ⅲ-1] 시각적, 청각적, 운동감각적 학습자 특성 및 교수-학습방법

구분	시각적 학습자	청각적 학습자	운동감각적 학습자
학습자 특성	• 언어적 설명을 통한 정보 수용의 어려움 • 차트, 포스터, 컴퓨터 소프트웨어 활용 • 주요 개념 및 문장 지도할 경우 컬러 마커펜, 형광펜 사용	• 강의 및 토론 선호 • 말과 글로 표현 • 효과적 의사소통 경향 • 정렬된 책상 및 조용한 교실 선호 • 한 번에 한 가지 일에만 몰두 • 너무 많은 집단 과제 및 실습 과제 싫어함	• 대화할 때 손을 쓰는 경향, 축하할 때 악수로 축하 표시 • 몸을 활용한 학습 • 노트 필기에 적극적 • 운동, 춤, 응원, 단체활동, 연극 등에 소질
교수-학습 방법	• 구두 설명 및 시각적 보조 자료 제공 • 언어적 강의, 유인물, OHP, PPT, 만화 등 추가 • 개념도, 그래픽 조직자, 그래프, 도표, 색상 등 활용하면 기억 용이	• 책 내용 테이프로 들려주기, 중요한 개념 및 생각을 테이프로 녹음하기, 과제의 일부를 구두로 발표하기	• 수업 중 자주 움직이고 활동하는 시간 제공 • 역할극, 역할놀이, 사회극 등을 제공함으로써 학습 내용에 대한 이해 및 장기기억 증진

출처: Tileston(2006)

OHP나 차트에서 색을 넣어도 되고 학생들이 메인아이디어와 그 밖의 용어 등을 강조하기 위해 색을 이용할 수도 있다.

청각적 학습자는 훌륭한 강의와의 토론을 좋아한다. 숙련된 청각적 학습자가 훌륭한 강의에 자극을 받으면 몇 시간이라도 강의를 들을 수 있다. 학습정보를 처리하는 학습에 있어서 그들은 청각을 강점으로 수용한다. 그들은 듣는 것을 즐긴다. 말 또는 글로 표현하는 것에도 능숙하여 의사소통에 유능한 경향이 있다.

청각적 학습자들은 대체로 전통적인 성향을 지닌 학생들로 구성되어 있다. 이들 대부분은 정렬된 책상의 조용한 교실을 좋아한다. 청각적 학습자는 한 번에 한 가지 일에만 몰두하기를 원한다. 그들은 주변의 변화와 소음에 민감하게 반응한다. 그들은 터무니없이 많은 집단 과제나 실습 과제를 꺼려한다.

청각적 학습자에게는 다른 학생들과 함께할 수 있는 일을 좋아한다. 이들의 상호 교류는 듣기는 물론 말하기 능력을 배양시킨다. 이들에게는 책의 내용을 테이프로 들려주거나 각자의 생각을 녹음하게 하는 것도 좋은 전략이 될 수 있다. 결론적으로 청각적 학습자들은 그들의 과제에서 청각적 강점을 살릴 수 있도록 하는 것이 좋다. 대부분의 청각적 학습자는 말하는 것에 능숙하기 때문에 교사는 그들에게 과제에 대하여 보고서가 아닌 구두로 발표하도록 하는 방법도 고려해 볼 수 있다.

운동감각적 학습자에 대하여 기억해야 할 두 가지 중요한 사실은 그들은 내내 자주 움직인다는 것과 실제로 활동을 하면서 하는 학습을 가장 잘 학습한다는 것이다. 위의 세 유형의 그룹 중 가만히 앉아서 듣는 것이 운동성 학습자들에게는 가장 힘든 일이다. 대부분의 운동감각적 학습자는 읽는 것보다 실제로 움직이는 것을 더 좋아한다. 이 학생들은 신체적으로 그들의 몸을 아주 많이 쓴다. 그들은 대화를 할 때도 손을 이용하는 경향이 있으며, 축하를 할 때도 말보다는 악수로써 대한다. 그들에게 심부름을 시키면 마다하지 않고 받아들이며, 자리에서 벗어나 움직이게 해준 것에 오히려 감사해한다.

운동감각적 학습자는 노트 필기에 매우 열심이다. 그들은 몸으로 학습한다. 우리는 그들이 수업시간에 다리를 흔들거나 머리를 만지는 등 몸을 계속 움직이는 것을 볼 수 있다. 일반적으로 이 학생들은 운동, 춤, 응원, 단체 활동, 연극 등에 소질을 가지고 있다. 그들은 교실에서 역할 연기나 그 밖의 행동 수행 들을 즐긴다. 움직이는 것은 어떤 것이든지 그들이 학습하는데 도움을 준다. 교사는 그들에게 마치는 시간이 되면 행동으로 표하는 것을 허용할 수 있다.

(나) 4MAT 학습자 특성 및 교수-학습방법

McCarthy는 Kolb의 학습 사이클 모형을 기반으로 한 전뇌 학습활동인 4MAT 학습모형을 개발하였다. 4MAT 모형은 좌뇌와 우뇌를 균형적으로 사용하여 뇌 전체를 발달시키며, Kolb의 학습 사이클 모형을 좌뇌활동과 우뇌활동으로 더 세분화하여 8단계로 다음 [그림 III-2]와 같이 나누었다.

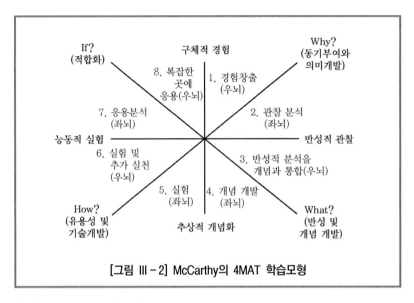

[그림 III-2] McCarthy의 4MAT 학습모형

출처: McCarthy, B. (1997)

좌뇌는 주로 논리적 사고를 담당하며 순서개념이나 언어지능 등과 관련이 있다. 우뇌는 주로 감각적 기능을 담당하며, 오감이나 종합적인 측면과 관련이 있다. 4MAT 모형은 상이한 좌뇌와 우뇌의 기능을 고려하여 뇌 전체를 종합적으로 사용할 수 있도록 의도함으로써 효율적인 교육이 이루어지도록 유도한다(김병재, 2002).

4MAT 전뇌학습 모형은 선호하는 학습 스타일과 취약한 스타일을 동시에 경험하게 함으로써 학업의 효율성을 높이고 약한 부분에 대한 적응력을

키우게 하며, 좌뇌와 우뇌를 동시에 자극함으로써 전뇌학습을 가능하게 한다. 학습자 유형과 특성을 정리하면 다음 [표 III−2]와 같이 정리할 수 있다 (McCarthy, 1997).

[표 III−2] 4MAT 학습자 특성 및 교수−학습방법

구분	Why형 학습자	What형 학습자	How형 학습자	If형 학습자
학습자특징	• 정보를 구체적으로 지각하고 반성적으로 처리 • 사람과 문화에 관심 • 감각, 감정, 관찰 의 조합을 통한 학습 선호 • 학습자 자신의 개인적 의미 추구 • 경험의 통합, 확산적 사고 • 왜(why)라는 질문 선호, 아이디어 풍부	• 분석적, 조합적 체계를 통해 학습 • 정보를 추상적으로 지각, 반성적으로 처리 • 이론과 개념을 형성하고 전문가들의 사고방식을 알고자 함 • 무엇(what)이라는 질문 선호 • 서열적 사고에서 가치 부여 • 전통적인 교수−학습방법이 가장 적합	• 추상적으로 지각, 능동적으로 처리 • 개념들을 통해 사고하고 그것을 시도하면서 배우기를 선호함 • 행동 지향적, 실천 강조 사실과 정보 검증 강조 • 어떻게 작용하는가 (how dose this work?)를 선호	• 정보를 구체적으로 지각하고 능동적으로 처리 • 행위, 감각, 감정을 통해 학습하는 방식 선호 • 학습한 것을 적용하고 확장하는 것 강조 • 변화에 잘 적응, 다양성, 융통성
교수−학습방법	• 의미 학습 • 개념 개발 • 조직적 사례연구 • 조직화, 순서화	• 전문 사례 연구 • 교과서 낭독 • 개념화, 정량화 • 통계처리 • 분석하기	• 토론과 대화 • 실험 방법 • 놀이 학습	• 문제 해결학습 음악, 감각, 신체활동 • 실습

출처: McCarthy(1997)

(다) 장독립성과 장의존성 학습자 특성 및 교수-학습방법

장독립성과 장의존성 학습자 특성 및 교수–학습방법은 다음 [표 Ⅲ-3]과 같이 정리할 수 있다(Wintkin, 1995). 즉, 장독립형 학습자는 전체의 상황에 영향을 받지 않으며, 개인적, 맥락적 접근 방법이 뛰어나다. 또한 구조화된 자료 해결이 가능하며 사태의 분석과 재조직에도 능하고 교사의 설명과 지시가 없어도 문제해결이 가능하다. 이에 반해 장의존형 학습자는 상황의 영향을 쉽게 받는 경우로 타인의 의견에 강하게 영향을 받으므로 집단 학습과 상호 접촉을 선호하며, 문제해결 전략 제시를 요구한다.

[표 Ⅲ-3] 장독립성과 장의존성 학습자 특성 및 교수–학습방법

구분	장독립성	장의존성
학습 자 특성	• 상황 영향을 받지 않음 • 구조화되지 않은 상황에 적응 • 사회적 압력을 잘 극복 • 타인에 무관심 • 추상적, 이론적, 분석적 사고	• 상황 영향을 쉽게 받음 • 사회적 내용 자료 학습 • 타인의 의견에 강한 영향 • 타인 접촉 선호 • 보편적, 사회준거, 상호작용
교수 – 학습 방법	• 개인적인 접근 방법 • 맥락적 접근 • 구조화된 자료해결 가능 • 사태 분석, 재조직 • 설명, 지시 없이 문제해결	• 집단 학습, 상호접촉 • 문제해결전략 제시 요구 • 구조화하는데 강화가 필요 • 비구조화된 자료해결이 어려움 • 재조직에 어려움

출처: Wintkin(1995)

IV

두뇌유형의
분류학습과 특징

1. 뇌기반 학습자 특성의 분류

최근 들어 학습자의 특성을 이해하기 위하여 뇌의 기능적인 특징과 뇌와 학습의 상관관계를 알아내는 연구가 활발하게 이루어지고 있다. 뇌는 두 개의 반구가 서로 다른 기능과 특성을 가지고 있다. 이를 뇌의 기능 분화라고 하며(윤정진, 김형재, 2009), 사람들마다 뇌의 기능 분화에 따라 문제해결 과정에서 우선적으로 사용하는 뇌가 각각 다르게 나타난다(양인렬, 2011). 그러므로 뇌 선호 양식을 알아보는 것은 일상생활과 학습할 때 어느 쪽 뇌의 사용을 더 좋아하는가를 알아보는 것이 목적이며, 자신이 어느 쪽 뇌를 사용해서 공부하는지를 정확히 알고 있으면 학습 효과를 높이는데도 유리하다(고영희, 1991).

학생들의 뇌선호 양식을 고려한 교수 - 학습활동이 이루어지기 위해서는 교사들이 학생들의 여러 가지 인지 유형 즉 좌우뇌 기능 분화에 따른 좌뇌 선호형, 우뇌 선호형, 양뇌 선호형의 학습자 모두에게 최상의 교수방법이 적용될 수 있도록 의식적으로 노력해야 한다(이경미, 2004). 특히, 사람들은 누구나 좌뇌형이든 우뇌형이든 혹은 양뇌형이든 양반구의 기능을 소유하고 있고 사용하고 있으며, 누구나 자신의 신경적 강점에 의해서 영향을 받기 때문에 뇌선호도에 따라 학습유형에서 차이가 나타난다(Connell, 2008).

한편, 이은정과 신재한(2018)은 학습유형에 따른 두뇌 유형의 차이를 분석한 결과를 토대로 뇌기반 학습자 유형을 분류하여 [그림 IV-1]과 같이 도식화하였다. 먼저 좌상뇌와 관계가 있는 학습유형은 좌뇌형, What형, 청각형, 운동감각형, 장독립형이고, 좌하뇌와 관계가 있는 학습유형은 좌뇌형, Why형, 운동감각형, 장독립형이며, 우하뇌와 관계가 있는 학습유형은 우뇌

형, What형, 시각형, 장의존형이며, 우상뇌와 관계가 있는 학습유형은 우뇌
형, How형, 시각형, 장의존형으로 나타났다. 이러한 결과를 토대로 두뇌 유
형별 학습자 유형을 각각 논리−주도형(A형), 사고−조직형(B형), 창의−직
관형(C형), 감정−활동형(D형)으로 명명하였다.

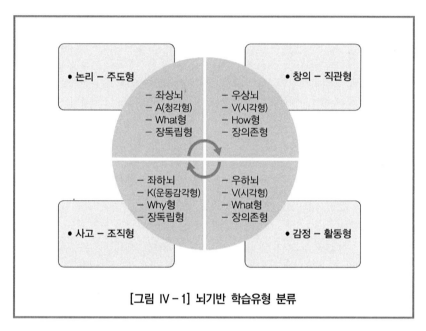

[그림 Ⅳ−1] 뇌기반 학습유형 분류

출처: 이은정, 신재한(2018)

각각 뇌기반 학습자 특성, 학습방법, 모둠 구성 방법 및 교사의 역할은
다음 [표 Ⅳ−1]과 같이 정리할 수 있다(이은정, 신재한, 2018).

[표 IV-1] 두뇌유형별 학습자의 특징

구분	논리 - 주도형 (A형)	사고 - 구조형 (B형)	창의 - 직관형 (C형)	감정 - 활동형 (D형)
학습자 특징	• 논리적이며 분석적임 • 수업에 적극적이며 주도적임 • 청각적 자극에 잘 반응 • 정렬된 책상 및 조용한 교실 선호 • 개별성과 독자성 인식 • 정확한 시간 중시 • 과거, 현재, 미래의 시간 인식	• 꼼꼼하고 체계적임 • 수업 내용을 잘 정리하고 구조화를 잘함 • 정렬된 책상 및 조용한 교실 선호 • 개별성과 독자성 인식	• 생각이 독특하며 창의적임 • 직관적이고 다양한 방법으로 수업에 참여함 • 시각적 자극에 잘 반응 • 자유로운 책상 배열 선호 • 시간적인 여유 중시	• 감정적이고 열정적임 • 모둠학습과 활동적인 수업을 선호함 • 시각적 자극에 잘 반응 • 자유로운 책상 배열 선호 • 타인의 의견에 강한 영향 • 시간적인 여유 중시
학습 방법	• 구조화된 강의법 및 토론 • 쓰기 및 말하기 • 녹음하기 • 발표하기 • 교과서 낭독 • 의미 학습 • 개념 개발 • 분석하기	• 조직화, 순서화 • 전문 사례 연구 • 자료정량화 • 통계처리	• 인쇄자료, 사진, 그림 활용 • 체험적인 활동 • 구두 설명 및 시각적 보조-자료 제공 • 언어적 강의, 유인물, OHP, PPT, 만화 등 • 개념도, 그래픽 조직자, 그래프, 도표, 색상 등 활용 • 미술, 실과, 음악 등 통합 • 토론과 대화 • 실험, 놀이학습	• 프로젝트 활동 • 역할극, 역할놀이, 사회극 • 음악, 감각, 신체활동 • 실습

모둠 구성 방법	개별 학습	모둠 학습
교사 역할	• 구조화되지 않은 과제 제시 • 설명, 지시 배제 • 개별성, 독자성 인정 • 주기적인 행동 및 내용 점검	• 문제 해결 전략 제시 • 과제 구조화 강화 및 도움 • 감정적인 지원 • 전체적인 흐름, 맥락 파악

출처: 이은정, 신재한(2018)

　　따라서 두뇌유형이란 학습자들이 자신의 두뇌유형에 알맞은 방식으로 학습과정에서 학습습관, 학습방법, 학습요령을 총괄하는 복합적인 학습자의 특성이며 독특한 방식으로 정의하였다. 모둠구성에서 있어서 '논리-주도형'과 '사고-구조형'의 학습자는 개별학습을, '창의-직관형'과 '감정-활동형' 학습자는 모둠학습을 하여야 하며, 각각 교사의 역할도 달라야 한다. '논리-주도형'과 '사고-구조형'의 학습자에게는 교사의 역할이 제한적이나, '창의-직관형'과 '감정-활동형' 학습자에게는 교사들의 적극적인 개입과 지원이 필요한 것으로 나타났다. 그리고, '논리-주도형' 학습자는 강의법 및 토론쓰기, 말하기, 녹음하기, 발표하기, 교과서 낭독, 의미 학습, 개념 개발, 분석하기를, '사고-구조형'의 학습자는 조직화, 순서화, 전문 사례연구, 자료정량화, 통계처리를, '창의-직관형'학습자는 인쇄자료, 사진, 그림활용, 체험적인 활동, 구두 설명 및 시각적 보조, 언어적 강의, 유인물, OHP, PPT, 만화 등, 개념도, 그래픽 조직자, 그래프, 도표, 색상 등 활용한 미술, 실과, 음악 등 통합, 토론과 대화, 실험, 놀이학습을, '감정-활동형' 학습자는 프로젝트 활동, 역할극, 역할놀이, 사회극, 음악, 감각, 신체활동, 실습 등을 선호한다.

V

뇌기반 자기주도적 학습의 구성요소

1. 두뇌유형에 따른 자기주도적 학습의 개념

자기주도적 학습이란 "학습자가 스스로 학습에 대한 주도권을 가지고 자신의 학습욕구를 진단하고 학습목표를 설정하며 학습에 필요한 인적·물적 자원을 확보하고 적합한 학습전략을 선택, 실행하여 자신이 성취한 학습결과를 스스로 평가하는 과정이다."(Knowles, 1975). 이에 따라 본 연구에서 사용한 뇌기반 자기주도적 학습이란 "학습자가 스스로 학습에 대한 주도권을 가지고 자신의 두뇌유형에 맞게 학습욕구를 진단하고 학습목표를 설정하며 학습에 필요한 인적· 물적 자원을 확보하고 자신의 두뇌유형에 적합한 학습전략을 선택, 실행하여 자신이 성취한 학습결과를 스스로 평가하는 과정이다."로 정의하였다.

2. 자기주도적 학습 프로그램의 구성요소

(1) 자기주도적 학습 프로그램의 구성요인

자기주도적 학습 프로그램을 개발하기 위해서는 자기주도적 학습을 구성하는 요인에 대해 밝히는 것이 매우 중요하다. 본 연구의 프로그램이 자기주도적 학습의 형태가 되기 위해서 기존의 자기주도적 학습에 관한 선행연구를 분석하여 자기주도적 학습의 구성 요인을 추출하였다. 자기주도적 학습의 선행연구 분석 결과 국·내외 학자 중 대부분은 자기주도적 학습의 구성요인으로 동기요인, 인지요인, 행동요인의 세 가지 요인으로 분류하였음을 알 수 있다. 자기주도적 학습 구성요인의 구체적인 내용은 다음 [표 V-1]과 같다.

[표 V-1] 자기주도적 학습 구성요인

구분	구성요인
Bandura(1982)	극복전략, 문제해결과 의사결정기술, 목표 설정, 계획, 자기평가, 자기조절, 자기강화
Corno(1986)	주의통제, 약호화통제, 정서통제, 동기통제, 환경통제
Pintrich(1989)	인지적 요인, 자원관리 요인, 동기 요인
Zimerman(1989)	자기평가, 자기반응, 자기관찰
Sink(1991)	인지적 요인, 정의적 요인
Garrison(1997)	자기관리, 자기통제, 학습동기
현정숙(1999)	내적기반요인, 활동요인, 외적관계요인
노국향(1999)	학습전략, 학습동기, 자아개념
양명희(2000)	인지요인, 정서적 요인, 행동요인
정미경(2003)	인지조절, 동기조절, 행동조절

선행연구 분석을 통해 유사한 하위 개념을 통합하고 비슷한 요인끼리 유목화하여 본 연구에서 사용한 뇌기반 자기주도적 학습 프로그램의 구성요인을 재분류하였다. 구체적인 내용은 다음 [표 V-2]에 제시하였다.

[표 V-2] 뇌기반 자기주도적 학습 프로그램의 구성요인

요소 연구자	동기요인	정서요인	인지요인	환경요인	행동요인
Bandura(1982)	목표 설정 계획	극복전략	문제해결과 의사결정 기술		자기평가 자기조절 자기강화
Corno(1986)	동기통제	정서통제	약호화 통제	환경통제	주의통제
Pintrich(1989)	동기요인		인지적 요인	자원관리 요인	
Garrison(1997)	학습동기		자기통제		자기관리
Zimerman(1989)					자기평가 자기반응 자기관찰
Sink(1991)		정의적 요인	인지적 요인		
현정숙(1999)	내적기반 요인			외적관계 요인	활동요인
노국향(1999)	학습동기와 자아개념		학습전략		
양명희(2000)		정서적 요인	인지요인		행동요인
정미경(2003)	동기조절		인지조절		행동조절

위와 같이 자기주도적 학습 관련 선행연구 분석 결과 국, 내외 다수의 학자가 분류한 자기주도적 학습 구성요인들을 토대로 본 연구에서는 자기주도적 학습의 구성요인을 동기요인, 정서요인, 인지요인, 환경요인, 행동요인의 다섯 가지 요인으로 재분류하였다.

먼저 동기요인에 포함시킬 수 있는 것은 Bandura(1982)의 목표 설정 계획, Corno(1986)의 동기통제, Pintrich(1989)의 동기요인, Garrison(1997)의 학습동기, 현정숙(1999)의 내적기반 요인, 노국향(1999)의 학습동기와 자아개념, 정미경(2003)의 동기조절이다. 다음으로 정서요인에 포함시킬 수 있는 것은 Bandura(1982)의 극복전략, Corno(1986)의 동기통제, Sink(1991)의 정의적 요인, 양명희(2000)의 정서적 요인이다.

특히, 인지요인에 포함시킬 수 있는 것은 Bandura(1982)의 문제해결과 의사결정기술, Corno(1986)의 약호화통제, Pintrich(1989)의 인지적 요인, Garrison(1997)의 자기통제, Sink(1991)의 인지적 요인, 노국향(1999)의 학습전략, 양명희(2000)의 인지요인, 정미경(2003)의 인지조절이다. 또한, 환경요인에 포함시킬 수 있는 것은 Corno(1986)의 환경통제, Pintrich(1989)의 자원관리 요인, 현정숙(1999)의 외적관계 요인이다. 행동요인에 포함시킬 수 있는 것은 Bandura(1982)의 자기평가와 자기조절 및 자기강화, Corno(1986)의 주의통제, Garrison(1997)의 자기관리, Zimerman(1989)의 자기평가와 자기반응 및 자기관찰, 현정숙(1999)의 활동요인, 양명희(2000)의 행동요인, 정미경(2003)의 행동조절이다.

지금까지 살펴본 바와 같이, 뇌기반 자기주도적 학습의 구성요인으로 동기요인, 정서요인, 인지요인, 환경요인, 행동요인으로 정하였다. 두뇌유형과 자기주도적 학습은 모두 뇌에 기반한다는 점에서 공통점을 찾을 수 있다. 자기주도적 학습에서도 메타인지기능을 포함한 인지·동기·행동영역 모두 뇌의 3층 영역을 활용하여 학습자의 적극적인 행동을 유발한다. 따라서 자기주도적 학습이 일어날 때 뇌의 어떤 작용이 일어나는지를 뇌과학적으로 이해하는 것은 의미 있는 일이라 하겠다.

학습은 뇌를 기반으로 일어나는 작용이므로 뇌의 정보 전달 과정이라고 볼 수 있다. 학습은 밖에서 들어오는 정보와 자신의 뇌의 상호작용으로 뉴런의 물리적 화학적으로 변화가 일어나는 과정이므로 개인의 뇌의 특성에 따라 학습도 다르게 일어나는 것이다. 뇌과학적으로 볼 때, 자기주도적 학습이란 '개별 학습자가 지닌 뇌의 다양한 특성을 고려하여 지적 흥미와 학습준비도에 따라 자신에게 알맞은 학습목표를 설정하고 적합한 학습전략을 선책하며, 실행한 학습결과를 스스로 평가하는 과정'이라고 정의할 수 있다(허유정, 2010). 이에 따라 뇌과학적으로 고찰하고 선행연구 분석을 통해 자기주도적 학습의 구성요소를 도출하였다.

(가) 동기요인의 뇌과학적 이해 및 구성요소

학습동기란 목표를 성취하기 위한 일련의 정신적 · 신체적 활동들이 시작되고 유지되는 과정을 가리킨다(Pintrich & Schunk, 2002). 학습은 의식적이고 의도적인 활동으로 이루어지는 능동적인 과정이기 때문에 동기와 밀접한 관계가 있으며 학습활동과 관련된 동기유발은 학습행동 뿐만이 아니라 학습의 능률과 그 결과를 결정짓는 중요한 요인으로 작용하고 있기 때문에 학교교육에서는 동기의 중요성을 강조하고 있다.

동기의 차원에서 자기주도적 학습에 참여한다는 것은 학습자가 높은 자기효능감과 과제에 대한 흥미를 가지고 자발적으로 학습에 접근하는 것이다. 다시 말해서 다른 사람의 도움 없이도 스스로 공부할 수 있다는 자신감을 보이고, 외부의 압력에 의해 공부하기보다는 재미와 흥미가 공부의 중요한 요소가 된다.

학습동기 유발과 관련된 뇌 부위에는 편도, 해마, 시상하부, 전대상, 측좌핵, 전전두피질이 있다(김유미, 2005). 편도는 감정을 담당하는 부위로 여러 가지 감정을 처리하는 부분이며, 학습을 하고자 하는 기분을 느끼는 뇌의 부위이다. 해마는 기억을 담당하는 부위로 과거의 기억을 대뇌피질에 전달하는 역할을 하므로 학습동기 유발에 직접적으로 영향을 준다. 또한 학습동기와 관련된 사실을 기억함으로써 동기유발에 간접적으로 영향을 준다(김유미, 2005). 시상하부는 여러 가지 생리작용을 조절하여 신체의 항상성을 유지하는 곳으로 학습동기를 유발하는 망상체와 전두엽, 편도 등을 연결하는 곳이다. 전대상은 학습자가 목표에 주의를 기울이는 것과 관련된 부분이다(김유미, 2005). 학습동기 유발에 결정적인 역할을 하는 곳은 측좌핵으로 학습하는 과정에서 성취감을 느꼈을 때 도파민이 분비되는 것이다. 도파민은 학습목표를 설정하고 학습전략을 선택하는데 중요한 역할을 한다. 또한 전전두피질은 학습계획과 학습목표를 설정하는 것에 관여한다.

학습동기는 학습행동을 조절하고 감정과 행동을 연결하는 중요한 역할을 하므로 자기주도적 학습에서 학습자가 학습에 흥미를 가지고 공부하는 의미를 가지며 자신감을 보일 수 있도록 학습동기 유발을 중요한 요소로 의미를 부여해야 한다.

자기주도적 학습에 있어서 동기요인은 다른 어떤 요인보다 자기주도적 학습을 유발하는 가장 중요한 요인이라 할 수 있다. 학습을 유발하는 근원이 학습자의 내부에 있으면 내재적 동기라 하고, 학습자의 외부에 있으면 외재적 동기라 한다. 학습을 스스로 선택하고 결정하는 학습자는 내재적 동기가 높기 때문이다. 그러므로 학생들에게 내재적 동기를 높이기 위해서는 학습목표를 스스로 결정하게 하여야 한다. 인간의 행동에 가장 큰 영향을 미치는 요인은 특정한 목표를 성취하기 위한 자신의 수행능력에 대한 판단이라고 하였다(Bandura, 1997).

따라서 자기주도적 학습을 위해서는 학습자로 하여금 학습목표를 가지게 하고 학습을 성취하게 하는 학습동기 요인이 가장 중요한 요인이라고 할 수 있다. 본 연구에서도 프로그램 개발할 때 가장 중점을 둔 요인이기도 하다. 선행연구 분석을 통한 동기 요인을 구성하는 요소 중 가장 많은 연구자가 구성요소로 사용한 목표 설정과 자아개념을 중심으로 뇌기반 자기주도적 학습 프로그램의 동기영역 구성요소로 선정하였다. 자기주도적 학습의 동기영역 구성요소를 추출한 결과는 다음 [표 V-3]과 같다.

[표 V-3] 자기주도적 학습의 동기영역 구성요소

구성요소 \ 연구자	동기유발	자기정체성	공부하는이유	목표설정	서약서	자기효능감	내재적가치	결과에대한노력	시험불안	정서조절	유대감	잠재력	나의강점	자아개념	진로탐색	학습의욕
최성우 외 (2017)		●	●	●										●		
백경숙 (2012)				●	●											
정미경 (2003)				●		●	●		●							
마상욱 (2012)				●		●				●	●	●				
권현숙 (2015)				●									●			
이석재 외 (2003)				●				●								●
이윤옥 (2006)	●					●										
김현진 (2013)	●															
송인섭 외 (1999)			●	●										●		
민세홍 외 (2010)				●		●	●							●		
이정희 (2013)	●			●										●		
김만권 외 (2003)	●								●							

	1	2	3	4	5	6	7	8	9	10	11
허은영 (2011)		●								●	
서은정 (2013)			●							●	●
김용수 (1998)	●		●							●	

(나) 인지요인의 뇌과학적 이해 및 구성요소

학습자가 가지고 있는 다양한 인지전략을 선택할 수 있게 하고 여건을 조성해주어 다양한 학습욕구를 충족시켜 주어야 한다. 인지 요인에 영향을 주는 것으로 학습의 뇌의 특성과 학습유형이 있다. 각각의 뇌는 독특하며 인간은 모두 같은 형태의 감각체계와 정서체계를 갖고 있으나 학습자마다 다른 두뇌구조와 뇌의 크기를 지니고 있기 때문에 다양하게 제공된 지식체계에 의해 뇌는 더욱 독특해진다(Caine & Caine, 1994). Jensen(2007)도 모든 뇌는 독특하다고 하였으며, 이정모(2003)도 각 사람의 뇌는 독특하다고 하였다. 김유미(2003)는 교실에 있는 모든 아동은 학습양식, 신경사(神經史), 정서 상태, 관심 영역 및 의미있는 내용이 각기 다르다고 하였다. 이러한 개별 학습자가 가지고 있는 뇌의 독특한 특성으로 인해 학습자가 사용하는 학습전략 또한 다양할 수밖에 없는 것이다. 개인마다 다른 신경망의 구조와 뇌의 크기를 지니고 있으며, 내부에서 신경세포가 연결되어 있는 방식 역시 서로 다르다(이정모, 2003).

인간의 뇌는 태어날 때부터 다른 뇌구조를 가지고 있고, 자라면서 각자의 경험과 환경의 상호작용에 의해 뇌의 발달 정도와 뇌세포의 활성화 정도가 달라진다. 학습은 환경적인 요소 중에서 가장 중요한 요소로 뇌의 구조 자체를 변화시키므로 학습의 내용과 질에 따라 뇌의 특성은 더욱 차별화된다(문승호, 2004).

뇌과학의 연구에 의하면 유전적으로 또는 생후 몇 년 동안의 학습경험을 통하여 정보를 처리하는데 있어서 독특한 방식을 가진다. 따라서 학습할 때 각자 다른 학습양식을 사용하게 되는 것이다. 이렇게 각자가 독특한 학습양식이 형성되는 것은 그들 뇌의 대뇌피질과 뇌간, 그리고 감정조절 중추인 변연계의 상호작용 회로망이 다른 사람들과 다른 모양으로 형성되어 있기 때문이다(조주연, 1998).

인지적 차원에서 자기주도적 학습에 참여한다는 것은 학습자가 학습과정 중에 학습을 계획하고 목적을 설정하고, 자기점점과 자기평가를 하는 과정을 의미하는 것이다. 쉽게 말해서 자신의 공부계획을 세워서 자신에게 맞는 학습방법을 사용하여 공부하고, 제대로 알고 있는지를 점검하는 과정이다. 뇌과학적인 관점에서 볼 때 학습자들이 각자 다른 두뇌구조를 가지고 있기 때문에 각자 다른 학습전략이 필요하며, 자기주도적 학습에서 학습자의 다양한 학습양식을 선택할 수 있도록 선택의 기회를 주어야 하는 것이다.

인지전략이란 학습자가 학습과제를 보다 효율적으로 해결하기 위하여 사용하는 전략으로 학습할 자료와 상호작용하는 것, 학습할 자료를 조작하는 것, 학습과제에 특별한 기술을 이용하는 것 등을 포함하는 것이다(최경자, 2001).

인지요인은 크게 인지전략과 메타인지전략, 사회정의적 전략으로 나눌 수 있다. 인지전략이란 학습자가 학습을 이해하는데 사용하는 학습전략이고, 메타인지전략은 학습을 계획하고 분석하며 평가하는 전략이며, 사회정의적 전략은 상호작용전략이다. Zimmerman(1989)은 자신의 학습과정을 계획하고 점검·조절하는 메타인지 전략이야말로 자기주도적 학습에서 가장 중요한 역할을 수행하며, 이러한 학습자가 자기주도적 학습자라고 주장하였다.

자기주도적 학습 인지요인의 구성요소로 선행연구 분석을 통한 인지요인을 구성하는 요소 중 가장 많은 연구자가 구성요소로 사용한 주의집중력과 메타인지 및 기억력을 뇌기반 자기주도적 학습 프로그램의 인지요인 구성요소로 선정하였다. 자기주도적 학습의 인지요인 구성요소를 추출한 결과는 다음 [표 V-4]와 같다.

[표 Ⅴ-4] 자기주도적 학습의 인지요인 구성요소

구성요소 / 연구자	읽기전략	쓰기전략	개념학습법	마인드맵	주의집중	학습전략	수업참여	정보처리	시연	점검	정교화	예습복습	노트필기	메타인지	학습결과평가	기억력	핵심파악
최성우 외 (2017)	●	●	●	●	●	●											
백경숙 (2012)	●	●					●	●									
정미경 (1999)									●	●	●						
마상욱 (2012)						●						●				●	
권현숙 (2015)				●		●						●	●				
이석재 외 (2003)						●											
이윤옥 (2006)						●								●			
김현진 (2013)												●		●			
송인섭 (1999)					●								●			●	
민세홍 외 (2010)					●	●										●	
이정희 (2013)					●												
김만권 외 (2003)	●							●					●				
허은영 (2011)																●	●
서은정 (2013)	●			●	●								●			●	
김용수 (1998)								●	●							●	

(다) 행동요인의 뇌과학적 이해 및 구성요소

전전두피질(prefrontalcortex)은 자기주도적 학습에서 매우 중요한 역할인 학습계획, 학습목표 및 학습전략을 세우는 것과 관련된다. 특히 전전두피질 중 배외측전두피질과 안와전두피질은 자기주도적 학습에 많은 영향을 준다. 배외측전두피질은 학습자가 행동을 선택하고, 순서를 정하고, 시작하는데 관여한다(Rolls, 1999). 즉 자기주도적 학습에서 학습행동을 먼저 하는 것과 나중에 해야 하는 것의 순서를 정하는데 영향을 준다. 안와전두피질은 목표도달을 위해 행동을 계획하고 조정하는데 중요한 역할을 한다. 이 부분은 여러 가지 행동의 결과에 대한 보상의 가치를 평가하여 학습자의 자기조절에 기여한다(Rolls, 1999). 따라서 안와전두피질은 학습자가 성공적인 자기주도적 학습을 위해 자신의 행동을 계획하고 조절하며 행동을 유지하는데 영향을 주므로 행동요인에 대해 고려하여야 한다.

Prather(1983)는 학업성취가 낮은 학생들의 문제는 능력부족이 아니라 학습기술이나 학습습관에 잘못이 있다고 주장하였다.

자기주도적 학습 행동요인의 구성요소로 선행연구 분석을 통한 행동요인을 구성하는 요소 중 가장 많은 연구자가 구성요소로 사용한 주의집중력과 메타인지 및 기억력을 뇌기반 자기주도적 학습 프로그램의 인지요인 구성요소로 선정하였다. 자기주도적 학습의 행동요인 구성요소를 추출한 결과는 다음 [표 V-5]와 같다.

구성요소 / 연구자	시험전략	시간관리	환경관리	건강관리	발표하기	노력조절	학습행동조절	공부습관	수면법	학습플래너	비전선포	자기관리	학습자원	학습실행	내면다스리기	우선순위
최성우 외 (2017)	●	●	●	●												
백경숙 (2012)	●	●	●		●											
정미경 (1999)		●				●	●									
마상욱 (2012)		●						●	●	●	●					
권현숙 (2015)		●						●		●						
이석재 외 (2003)													●	●		
이윤옥 (2006)			●													
김현진 (2013)			●										●	●		
송인섭 (1999)		●	●													●
민세홍 외 (2010)		●	●												●	
이정희 (2013)	●	●	●					●								
김만권 외 (2003)	●	●	●				●									
허은영 (2011)	●	●														
서은정 (2013)		●	●												●	
김용수 (1998)			●									●				

(라) 정서요인의 뇌과학적 이해 및 구성요소

Jane(2001)는 정서, 지능, 학습자의 의미를 뇌기반의 주요 요소로 제시하였다. 정서는 학습에서 문지기 역할을 하며, 지능은 경험의 작용으로서, 학습자의 의미는 학습자 기대로부터 의미 있는 요소를 가장 효과적으로 기억한다고 하였다. Caine & Caine(1994)는 패턴화하기 위해서는 감정이 중요하며 학습자는 정서와 감정을 교환하고 토의하며 공동으로 문제를 해결하는 가운데 학습의 질을 향상시킨다고 하였다. 정서(감성)가 패턴에 결정적이며, 주의, 의미, 기억을 좌우한다(이정모, 2003). 정서는 우리가 어떻게 느끼고 행동하며 사고하는지에 중요한 역할을 하는 요인이다.

뇌의 정서를 조절하는 곳은 편도이며, 동기유발과 더불어 감정을 담당하는 뇌의 부위이기도 하다. 편도는 감각정보를 처리하는 부분으로 공포, 슬픔, 성냄, 기쁨과 같은 감정을 조절한다(박만상, 1996). 편도가 학습이 즐거운지 아닌지를 판단하는 방법은 기억을 담당하는 해마의 도움으로 가능한 것이다.

정서적 차원에서 자기주도적 학습에 참여한다는 것은 학습자가 학습과정 중에 학습정서를 조절하고, 자기감정을 판단하는 과정을 의미하는 것이다. 뇌과학적인 관점에서 볼 때, 인간에게 있어서 정서의 영향이 이처럼 강력한 이유 중 하나는 정서가 중추신경계를 통하여 우리에게 영향을 줄뿐만 아니라, 펩타이드를 통해서도 영향을 주기 때문이다(김유미, 2003).

명상으로 의식이 변형되고 온갖 잡념이 사라지는 과정에서 스트레스 호르몬 수치가 저하되고 엔돌핀, 도파민, 세로토닌의 분비의 증가를 가져와 면역계 강화, 심신 이완, 안전감, 행복감 등의 다양한 심신체험을 겪게 된다(오미경, 2014). 그리고 감사 수준이 높은 사람은 정서를 조절하는 능력도 높은 것을 의미한다. 정서를 조절하는 능력은 개인의 행복과 성공적인 기능을 결정지어 주는 요인이다(이유미, 2012). 따라서, 선행연구에서 동기요인의 하위요인으로 보았던 정서 조절을 본 연구에서는 별도의 구성요소로 구성하고 학습자의 다양한 학습정서 조절 방법으로 명상과 감사하기를 선정하였다.

(마) 환경요인의 뇌과학적 이해 및 구성요소

Prigge(2002)는 학습자 준비를 위한 방법으로 적절한 수면, 음식과 영양, 물의 중요한 역할이라 하였다. 효율적인 학습이 이루어지기 위해서는 학습에 유리한 학습환경을 관리하는 것이 중요하다. 학습환경에는 물리적 환경과 심리적 환경, 신체적 환경이 있다. 물리적 환경에는 공부방, 책걸상의 배열조명, 음악(백색소음), TV, 컴퓨터, 핸드폰 등이 있으며, 심리적 환경에는 친구, 선생님, 가족과의 관계가 있고, 신체적 환경에는 바른 자세, 식습관(두뇌에 좋은 음식), 숙면(수면주기), 운동 등이 있다.

심리적 환경과 신체적 환경이 편안한 학습환경을 형성해 주어야 한다. 이는 학습자의 심리에 달려 있으므로 학습자의 편도에 관련이 있다. 인간의 뇌는 위험을 느끼면 편도에서 경계를 하는 반응이 일어나므로 외부에서 들어온 정보를 대뇌피질로 보내지 않고 바로 편도로 전달하게 된다. 그러므로 학습자가 심리적으로 편안하지 않으면 대뇌에서 일어나는 학습을 방해하게 되는 것이다. 또한 학습자가 스트레스나 무기력감, 불안 등 부정적인 정서를 느끼면 학습효과가 떨어지게 된다. 무엇보다 심리적 환경 중 교사의 열렬한 지지와 적절한 피드백은 학습자에게 올바른 학습 습관을 형성하게 하고 시냅스 연결을 강화시켜 준다. 즉 적절하고 의미있는 피드백이 일시적이고 한시적인 두뇌의 시냅스 연결 고리를 강화하고 정교화시킨다(Jensen, 1998).

또한 학습자의 수면주기도 중요한 고려 대상이 되어야 한다. 단기기억에 저장된 많은 정보를 장기기억으로 실시간으로 이동하기에는 뇌의 용량이 부족하기 때문에, 수면 중에 뇌가 활동하여 기억해야 할 정보, 망각해야 할 정보 등을 체계적으로 분류하고 기억할 수 있다(김영훈, 2012). 따라서, 많은 분량의 학습을 했더라도 수면이 부족하면 많은 분량의 학습을 모두 처리할 시간이 부족하여 학습의 효과를 극대화할 수 없게 된다. 특히, 수면이 부족하면 부정적인 기억을 처리하는 편도체에 비해, 긍정적인 기억을 처리하는 해마의 기능이 떨어지기 때문에, 우울하고 부정적인 기억만 하게 되고 긍정적인 기억은 하지 못한다(김영훈, 2012). 즉, 충분한 수면을 취하면 밝고 명랑하며 긍정적인 기억을 가질 수 있다.

그리고 두뇌발달에 도움이 되는 음식의 섭취도 중요하다. 커큐민은 기억력 증진, 뇌세포를 생성하며, 루테올린은 두뇌 염증 진정, 기억력 증진, 콜린은 학습, 기억력 증진, 오메가3는 두뇌 노화 예방, 페닐알라닌은 도파민, 아드레날린 분비, 피토케미칼은 기억력 증진, 레시틴은 뇌세포 회복에 도움을 준다. 이와 같이 환경적 차원에서 자기주도적 학습에 적극 참여한다는 것은 학습자가 자신의 학습을 성공적으로 이끌기 위해 가장 적합한 환경을 선택하고 구조화하는 것을 의미한다. 따라서 편안하고 바람직한 학습환경을 조성하는 것은 자기주도적 학습의 중요한 요소로 고려되어야 하므로 기존의 선행연구에서 행동요인에 포함되어 있었던 시간관리, 수면법, 학습플래너, 환경관리, 건강관리 요소를 환경요인이라는 별도의 구성요인으로 선정하였다.

(2) 뇌기반 자기주도적 학습 프로그램의 구성요소

기존의 선행연구 분석을 통한 자기주도적 학습의 구성요소를 추출한 결과를 토대로 본 연구에서는 자기주도적 학습 프로그램의 각 요인별 구성요소를 통합한 후 5가지 요인으로 동기요인, 정서요인, 인지요인, 환경요인, 행동요인으로 분류하였고, 각 요인별 하위 요인에는 유사한 개념을 유목화였다. 각각의 요인별 하위요인으로는 동기요인에는 자아개념과 학습동기를, 정서요인에는 학습정서를, 인지요인에는 학습전력과 학습요소를, 환경요인에는 학습시간과 학습환경을, 행동요인에는 학습정리와 학습행동으로 구성하였다.

선행연구 분석을 통한 자기주도적 학습의 구성요소를 추출한 결과와 100명의 연구 대상자들에게 각 요인별 하위 요소 중 선호하는 요소에 관한 요구조사를 실시한 결과를 토대로 뇌기반 자기주도적 학습 프로그램의 구성요소를 도출하였다. 설문조사 결과 자아개념 중에는 자기 정체성(5명), 내재적 가치(4명), 학습동기 중에는 공부하는 이유(6명), 공부목표 설정(5명), 학습 정서 중에는 정서 조절(6명), 내면다스리기(5명), 학습전략에는 뇌기반 학습 법(5명), 학습요소에는 기억과 암기(5명), 집중력(5명), 메타인지(4명), 학습시 간에는 시간관리(7명), 수면법(5명), 학습플래너(4명), 학습환경에는 환경관리 (6명), 건강관리(5명), 학습정리에는 예습과 복습(6명), 노트필기(5명), 학습행 동에는 시험전략(5명), 비전선포(4명) 등으로 나타났다. 이러한 결과를 토대 로 뇌기반 자기주도적 학습 프로그램의 구성요소를 최종적으로 도출한 결과 는 다음 [표 V-6]과 같다.

[표 V-6] 뇌기반 자기주도적 학습 프로그램의 구성요소

학습요인	하위 요소	구성요소
동기요인	자아개념	자기 정체성, 내재적 가치
	학습동기	공부하는 이유, 목표 설정
정서요인	학습정서	정서 조절, 내면다스리기
인지요인	학습전략	뇌기반 학습법
	학습요소	주의집중력, 암기력, 메타인지
환경요인	학습시간	시간관리, 수면법, 학습 플래너
	학습환경	환경관리, 건강관리
행동요인	학습정리	예습, 복습, 노트 필기
	학습행동	시험전략, 비전선포

뇌기반 자기주도적
학습의 특징

1. 뇌기반 자기주도적 학습 프로그램의 구성 체계

자기주도적 학습의 원리 및 전략을 기반으로 뇌기반 자기주도적 학습 프로그램 구성 체계를 다음 [그림 VI-1]과 같이 구성하였다. 뇌기반 자기주도적 학습 프로그램 구성 체계는 자기주도적 학습능력과 학업성취도 향상을 위한 세부목표를 동기, 정서, 인지, 환경, 행동의 다섯 가지 영역으로 나누어 기술하였고, 목표에 따라 수업내용을 구체화하였으며 교수방법은 뇌기반 뇌기반 자기주도적 학습 원리와 전략을 적용한 후 그 효과를 평가하도록 구성하였다.

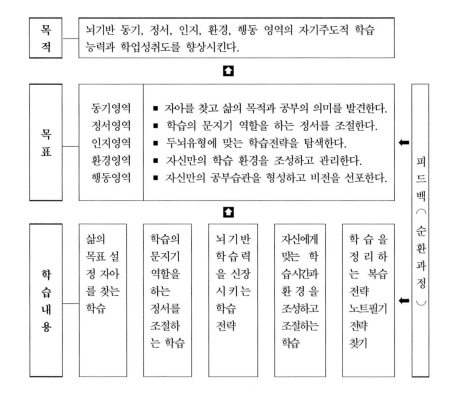

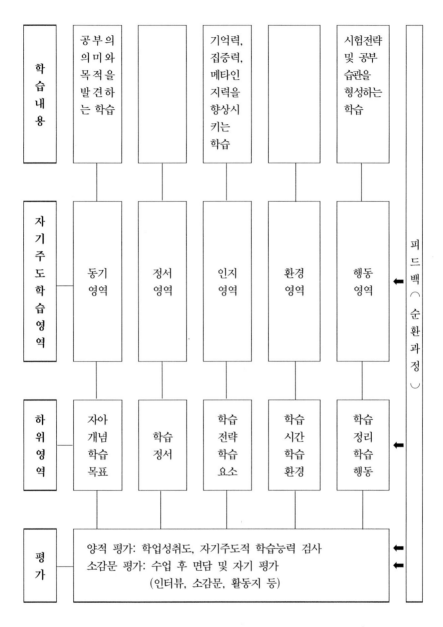

[그림 Ⅵ-1] 뇌기반 자기주도적 학습 프로그램의 구성 체계

2. 뇌기반 자기주도적 학습 프로그램의 목표

뇌기반 자기주도적 학습 프로그램의 영역별 수행목표는 다음 [표 VI-1]과 같다.

[표 VI-1] 뇌기반 자기주도적 학습 프로그램의 목표

영역	하위영역	수행목표
동기 영역	자아개념	자신의 소중한 존재 가치를 깨닫고 자아를 찾을 수 있다.
	학습목표	뇌기반 삶의 목적과 공부의 목표를 설정할 수 있다.
정서 영역	학습정서	뇌기반 감사하는 법과 명상법을 통해 정서를 조절할 수 있다.
인지 영역	학습전략	뇌기반 학습전략을 찾을 수 있다.
	학습요소	뇌기반 기억력, 집중력, 메타인지력을 향상시킬 수 있다.
환경 영역	학습시간	뇌기반 학습계획을 세울 수 있다.
	학습환경	뇌기반 학습환경을 조성할 수 있다.
행동 영역	학습정리	뇌기반 복습전략 및 노트필기 전략을 찾을 수 있다.
	학습행동	뇌기반 시험전략을 찾고 공부습관을 형성할 수 있다.

3. 뇌기반 자기주도적 학습 프로그램의 운영 및 수업 모형

가. 뇌기반 자기주도적 학습 프로그램 운영 모형

뇌기반 자기주도적 학습 프로그램은 동기, 정서, 인지, 환경, 행동이 모두 포함되도록 구안된 프로그램 운영 모형에 따라 다섯 가지 영역으로 구분하였고, 자기주도적 학습 구성요소들 간에 계열성 있게 순서화하였다. 뇌기반 자기주도적 학습 프로그램의 운영 모형은 [그림 Ⅵ-2]와 같다.

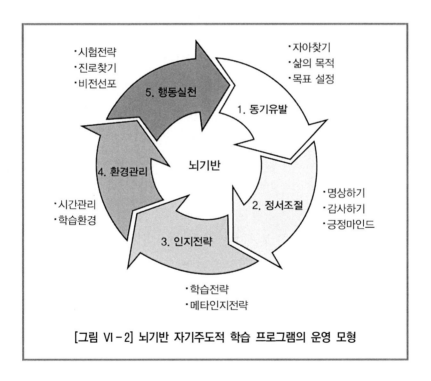

[그림 Ⅵ-2] 뇌기반 자기주도적 학습 프로그램의 운영 모형

나. 뇌기반 자기주도적 학습 프로그램의 수업 모형

뇌기반 자기주도적 학습 프로그램 운영 모형과 구성체계를 근간으로 교수 – 학습 모형을 개발하였다. 교수·학습 수업 모형은 일반적으로 사용되는 '도입', '전개', '정리'의 단계를 참고로 본 연구에서는 뇌기반 자기주도적 학습 방법을 통한 자기주도적 학습능력 향상에 초점을 두고 '뇌기반 자기주도적 학습 준비하기', '뇌기반 자기주도적 학습 계획하기', '뇌기반 자기주도적 학습 실행하기', '뇌기반 자기주도적 학습 평가하기'로 설계하였다. 기존의 자기주도적 학습 프로그램 수업 모형과 다른 점은 자신의 두뇌유형에 맞는 자기주도적 학습을 선택하고 구안해야 하는 계획하기 단계를 추가로 진행하였고, 각 뇌기반 모둠 구성 방법과 교사의 개입에 있어서도 뇌기반으로 달리 적용하였다는 점이다. 모둠구성에 있어서 '논리-주도형'과 '사고-구조형'의 학습자는 개별학습을, '창의-직관형'과 '감정-활동형' 학습자는 모둠학습으로 진행하였고, 각각 교사의 역할도 달리 적용하였다. '논리-주도형'과 '사고-구조형'의 학습자에게는 교사의 역할이 제한하였고, '창의-직관형'과 '감정-활동형' 학습자에게는 교사들의 적극적인 개입과 지원을 하였다. 그리고 '논리-주도형' 학습자의 학습 방법으로는 강의법 및 토론쓰기, 말하기, 녹음하기, 발표하기, 교과서 낭독, 의미 학습, 개념 개발, 분석하기를, '사고-구조형'의 학습자는 조직화, 순서화, 전문 사례연구, 자료정량화, 통계처리를, '창의-직관형' 학습자는 인쇄자료, 사진, 그림활용, 체험적인 활동, 구두 설명 및 시각적 보조, 언어적 강의, 유인물, OHP, PPT, 만화, 개념도, 그래픽 조직자, 그래프, 도표, 색상 등 활용한 미술, 실과, 음악 등 통합, 토론과 대화, 실험, 놀이학습을, '감정-활동형' 학습자는 프로젝트 활동, 역할극, 역할놀이, 사회극, 음악, 감각, 신체활동, 실습 등을 제시하고 각자가 선호하는 학습방식을 선택하고 수업을 진행하였다. 뇌기반 자기주도적 학습 프로그램 수업 모형은 다음 [표 Ⅵ-2]와 같다.

[표 VI - 2] 뇌기반 자기주도적 학습 프로그램의 수업 모형

단계	교수 - ·학습 활동	수업 원리	수업 전략
1단계 준비하기	• 편안한 수업 환경 • 허용적인 분위기 조성 • 명상, 뇌체조(준비운동)	• 안정성 • 수용성	• 편안한 분위기 조성
2단계 계획하기	• 공통학습 내용 확인 • 뇌기반 학습문제 확인 하고 찾기	• 동기유발 • 주도성	• 학습내용 확인 • 학습문제 확인
3단계 실행하기	• 자기주도적 학습 실행 • 자신만의 전략 수정 (문제점, 해결방안 찾기)	• 안정성 • 수용성 • 개별화	• 뇌기반 전략탐색 • 맞춤형 학습 • 실행 및 상호작용 • 활동시간 확보 • 성공경험 체험

4단계
평가하기
	• 개별, 모둠별로 결과
	  발표하기
	• 느낌 나누고 소감문
	  작성하기
		• 경험하기
		• 활동 실천
			• 결과 발표하기
			• 생활 속 실천하기

4. 뇌기반 자기주도적 학습 프로그램의 원리 및 전략

기존의 선행연구 분석을 통한 자기주도적 학습 프로그램의 구성요소를 추출한 결과와 이은정, 신재한(2018)의 뇌기반 학습자 특성을 토대로 뇌기반 자기주도적 학습 프로그램의 원리, 전략, 방법을 다음과 같이 제시할 수 있다. 뇌기반 자기주도적 학습의 원리는 동기유발의 원리, 정서 조절의 원리, 인지전략의 원리, 환경관리의 원리, 행동실천의 원리로 하였다. 동기 유발 전략으로는 자신의 내재적 가치를 깨달아 자아개념을 형성하고, 삶의 목적과 공부의 의미를 찾는 활동을 통해 학습목표를 설정하는 것이다. 정서 조절의 전략으로는 긍정마인드와 감사하는 마음을 가지고 명상을 생활화하여 학습정서를 조절하며, 인지전략으로는 자신의 뇌기반 학습전략을 찾고, 뇌기반 기억력, 집중력, 메타인지 전략을 탐색하는 것이다. 환경관리의 전략으로는 학습시간과 수면시간을 조절하고 뇌기반 학습계획을 세우는 것이며, 행동실천 전략으로는 두뇌기반 노트필기법과 뇌기반 예습, 복습 전략을 세우고 시험전략과 자신의 공부습관을 세우는 것으로 정하였다.

이은정, 신재한(2018)의 뇌기반 학습자 특성은 다음과 같다. 논리주도형(A형) 학습자는 논리적, 분석적, 적극적, 주도적이고 청각적 자극에 잘 반응하며 정렬된 책상 및 조용한 교실을 선호한다. 개별성과 독자성을 인정해 주어야 하며, 과거, 현재, 미래 등 장기간의 시간 인식이 가능하다. 사고구조형(B형)은 꼼꼼하고 체계적이며 수업 내용을 잘 정리하고 구조화를 잘한다. 논리주도형과 사고구조형은 정렬된 책상 및 조용한 교실을 선호하고 개별학습을 좋아한다. 창의직관형(C형)은 생각이 독특하며 창의적, 직관적이고 다양한 방법으로 수업에 참여한다. 시각적 자극에 잘 반응하고 시간적인 여유를 중시한다. 감정활동형(D형)은 감정적이고 열정적이며 활동적인 수업을 선호한다. 시각적 자극에 잘 반응하고 타인의 의견에 강한 영향을 받는다. 창의직관형과 감정활동형은 시간적인 여유를 중시하고 자유로운 책상 배열을 선호하며 모둠학습을 좋아한다.

그리고 뇌기반 구체적인 학습 방법은 다음과 같다. 논리주도형 학습자의 학습방법으로는 강의법 및 토론, 쓰기, 말하기, 녹음하기, 발표하기, 교과서 낭독, 의미 학습, 개념 개발, 분석하기를, 사고구조형 학습자는 조직화, 순서화, 전문 사례연구, 자료정량화, 통계처리를, 창의직관형 학습자는 인쇄자료, 사진, 그림활용, 체험적인 활동, 구두 설명 및 시각적 보조, 언어적 강의, 유인물, OHP, PPT, 만화, 개념도, 그래픽 조직자, 그래프, 도표, 색상 등 활용한 미술, 실과, 음악 등 통합, 토론과 대화, 실험, 놀이학습을, 감정활동형 학습자는 프로젝트 활동, 역할극, 역할놀이, 사회극, 음악, 감각, 신체활동, 실습 등이 있다.

따라서 뇌기반 학습자 특성과 학습방법을 토대로 뇌기반 자기주도적 학습 원리와 전략에 따라 각 유형별 학습방법은 다음과 같다. 뇌기반 목표 설정하기의 방법으로 논리주도형은 논리적이고 분석적인 특징과 글쓰기의 강점을 반영하여 리스트형 목표 설정 방법을, 사고구조형은 체계적이며 구조화와 조직화를 잘하는 특징을 반영하여 구조화형 목표 설정 방법을, 창의직관형은 창의적이고 시각적 자료에 민감한 특징을 반영하여 이미지형 목표 설정 방법을, 감정활동형은 감정적이고 활동적이며 프로젝트 수업을 선호하는 특징을 반영하여 활동형 목표 설정 방법을 적용하였다. 리스트형 목표 설정 방법으로는 자기사명서, 자기헌법, PDP(Personal Development Plan) 등이 있고, 구조화형 목표 설정 방법으로는 드림리스트, 드림맵 등이 있다. 이미지형 목표 설정 방법으로는 비전보드, Hope Tree 등이 있으며 활동형 목표 설정 방법으로는 드림무비, 장소 VD 등이 있다.

뇌기반 감사하는 마음 갖기의 방법으로는 개별적이고 글쓰기를 선호하는 논리주도형은 감사일기 쓰기, 감사편지 쓰기와 감사의 말 전하기를, 구조화를 잘하는 사고구조형은 감사엽서 쓰기를, 창의적이고 직관적이며 대화와 이미지에 익숙한 창의직관형은 감사톡 나누기와 감사스티커 보내기를, 활동적이고 음악을 선호하며 역할극, 사회극을 선호하는 감정활동형은 감사영상 만들기와 감사노래 부르기 등의 방법을 적용하였다.

뇌기반 명상하기의 방법으로 평소 명상에 대한 경험이 없는 참여자들이기 때문에 특정 대상에 의식을 집중시키는 집중명상 위주로 진행하였다. 논리주도형은 청각 정보에 민감한 특징을 반영하여 소리집중 명상을, 꼼꼼하고 체계적인 사고구조형은 자신이 좋아하는 특정 낱말에 집중하는 명상을, 시각적 정보에 민감한 창의직관형은 이미지집중 명상을, 감정적인 감정활동형은 자신에게 가장 기억에 남는 순간을 떠올리며 명상하는 순간집중 명상 방법을 적용하였다.

뇌기반 학습전략 탐색의 방법으로 구조화된 강의법, 쓰기 및 말하기, 녹음하기, 발표하기, 조사보고서, 신문기사, 저널 만들기, 편지쓰기, 인강 듣기, 교과서 낭독, 스토리텔링을, 사고구조형은 마인드맵, 써클맵, PPT자료 만들기, 프레지 만들기, 안내서 만들기, 해설서 만들기, 개념정리노트, 범주화, 구조화하기를, 창의직관형은 토론과 대화, 실험하기, 이미지스토리텔링, 개념카드 만들기, 브레인스토밍, 포스터 만들기, 웹툰 그리기, 협동화 그리기, 프로젝트 활동, 가르치기, 개사송 만들기, 스피드 퀴즈, 초성 퀴즈, 빙고 게임, 크로스 퍼즐, 동영상 제작, 역할극, 역할놀이 등을 제시하고 자신이 선호하는 방법을 선택하게 하였다.

뇌기반 암기력 및 메타인지 향상 방법으로 논리주도형은 청각적, 교과서, 스토리를 활용한 소리 암기, 교과서 암기, 스토리텔링 암기를, 사고구조형은 구조화, 노트필기를 활용한 구조화 암기, 암기 노트를, 창의직관형은 이미지를 활용한 이미지 암기, 연상 암기를, 감정활동형은 음악, 가르치기를 활용한 노래 개사 암기, 가르치기 암기 등을 적용하였다.

뇌기반 학습계획 세우기 방법으로 논리주도형과 사고구조형은 개별학습을 선호하고 체계적이며 과거, 현재, 미래 등 장기간의 시간 인식이 가능하므로 장기계획, 월간계획, 연간계획, 세부계획, 개별계획을 세우도록 하였고, 창의직관형과 감정활동형은 시간적인 개념에 있어서 단기적이며 여유를 중시하므로 단기계획, 일일계획을 세우고 친구들과의 영향력을 주고받는 것을 선호하고 단기간에 빨리 계획을 잘 지키기 않기 때문에 모둠별 상호작용을 포함시켜 주기적으로 피드백을 주고받으며 꾸준하게 실천하는데 도움을 주면서 진행하였다.

뇌기반 학습환경 조성하기 방법으로 논리주도형과 사고구조형은 평소 정렬된 책상 배열과 조용하고 독립된 환경을 좋아하고, 창의직관형과 감정활동형은 자유로운 책상 배열을 선호하고 주변 도움을 주기적으로 요청하게 하여 학습을 꾸준히 이어가는데 도움을 받게 하였다.

뇌기반 복습 전략 찾기 방법으로 논리주도형은 장기적인 시간인식이 가능하므로 장기복습, 누적 복습을, 말하기를 선호하므로 셀프 토킹을, 사고구조형은 장기적인 시간인식이 가능하므로 장기복습, 노트필기를 좋아하므로 복습 노트, 구조화, 체계화를 잘하므로 차례 복습을, 창의직관형과 감정활동형은 단기적인 시간 단위로 복습을 하는 단기복습, 친구들과 주기적인 상호작용을 반영한 함께 복습, 반복 복습, 가르치기 복습을 적용하였다.

뇌기반 시험전략 찾기 방법은 목표 설정과 같은 방법으로 논리주도형과 사고구조형은 개별학습을 선호하고 체계적이며 과거, 현재, 미래 등 장기간의 시간 인식이 가능하므로 장기계획, 월간계획, 연간계획, 세부계획, 개별계획을 세우도록 하였고, 창의직관형과 감정활동형은 시간적인 개념에 있어서 단기적이며 여유를 중시하므로 단기계획, 일일계획을 세우고 친구들과의 영향력을 주고받는 것을 선호하고 단기간에 빨리 계획을 잘 지키기 않기 때문에 모둠별 상호작용을 포함시켜 주기적으로 피드백을 주고받으며 꾸준하게 실천하는데 도움을 주면서 진행하였다.

뇌기반 자기주도적 학습 프로그램의 원리, 전략, 방법의 구체적인 내용은 다음 [표 Ⅵ-3]과 같다.

[표 Ⅵ-3] 뇌기반 자기주도적 학습 프로그램의 원리 및 전략

원리	전략	방법		비고
동기 유발의 원리	자아개념 형성하기	• 몸 활성화하기 • 마음 열기, 마음 들여다보기, 마음 정화하기 • 자신의 내재적 가치 깨닫기		공통
	학습목표 설정하기	• 뇌기반 목표 설정하기		뇌기반
		A형: 리스트형 목표 설정	C형: 이미지형 목표 설정	
		B형: 구조화형 목표 설정	D형: 활동형 목표 설정	
정서 조절의 원리	학습정서 조절하기	• 뇌기반 감사하는 마음 갖기		
		A형: 감사일기, 감사편지 감사의 말	C형: 감사톡, 감사스티커	
		B형: 감사엽서 쓰기	D형: 감사영상, 감사노래	
		• 뇌기반 명상하기		
		A형: 소리집중 명상	C형: 이미지집중 명상	
		B형: 낱말집중 명상	D형: 순간집중 명상	
인지 전략의 원리	학습전략 탐색하기	• 뇌기반 학습전략 탐색하기		
		A형: 쓰기, 듣기, 말하기	C형: 토론과 대화, 이미지 학습	
		B형: 구조화 학습	D형: 활동, 게임형 학습	

	학습요소 향상하기	• 뇌기반 암기, 메타인지 전략 찾기		뇌 기 반
		A형: 소리, 스토리 전략	C형: 이미지, 연상 전략	
		B형: 구조화, 노트필기	D형: 음악, 가르치기	
환경 관리의 원리	학습시간 관리하기	• 뇌기반 학습계획 세우기		
		A형: 장기계획 B형: 세부계획	C형: 단기계획 D형: 상호작용 포함	
	학습환경 조성하기	• 뇌기반 최적의 학습환경 조성하기		
		A형: 조용하고 정렬된 학습환경 B형: 수업내용 구조화	C형: 자유로운 학습환경 D형: 주변 도움 요청	
행동 실천의 원리	학습정리 전략탐색 하기	• 뇌기반 예습, 복습 전략 세우기		
		A형: 장기, 말하기 복습	C형: 단기, 함께 복습	
		B형: 장기, 구조화 복습	D형: 단기, 가르치기	
	학습행동 실천하기	• 뇌기반 시험 전략, 공부 습관 세우기		
		A형: 장기계획 B형: 세부계획	C형: 단기계획 D형: 상호작용 포함	

3부

뇌기반 자기주도적 학습 코칭의 실제

I

나의 두뇌유형을 알자!

1회기. 오리엔테이션
- 만남과 안내 -

1. 오리엔테이션 개요

동기의 개념과 동기를 설명하는 이론도 매우 다양하기 때문에, 명확하게 동기의 정의를 내리기가 쉽지 않다. 일반적으로 동기에 관한 연구는 인간이 왜 어떤 행동을 하는지에 대한 원인을 주로 탐구하기 때문에(고벽진 외, 2006), 동기는 행동에 활력을 불어넣어 주고, 행동의 방향을 정해주는 것으로 정의할 수 있다(정종진, 2001).

다시 말해, 동기는 유기체에게 또는 유기체 내에서 작용하여 행동을 시작시키고 방향 지어주는 힘을 기술할 때 사용하는 개념이다(Herbert, 2001). 또한, 동기는 인간의 활동을 시발하고, 방향을 정하고, 강도를 나타내며, 지속시키는 힘으로 정의하기도 한다(정원식, 2001).

동기화는 우리가 무엇을 원함을 의미하며 그 무엇을 어느 정도 원하는가에 따라 어떤 행동을 얼마만큼의 강도로 행동하느냐가 결정될 수 있기 때문에, 어떤 행동의 방향과 강도를 정해주는 심리적 요인이라 할 수 있다(고벽진 외, 2006). 그러므로, 동기라는 개념은 행동의 강도(intensity) 측면에서 나타나는 차이를 설명하기도 하고, 행동의 방향(direction) 측면에서 설명하기도 한다(Herbert, 2001). 즉, 동기의 핵심적인 요소는 에너지와 방향이라 할 수 있다(정종진, 2001).

인간은 동물과 달리, 행동이 목표지향적이라는 사실에서도 동기의 개념은 필요하다(정종진, 2001). 예를 들면, 어떤 주제에 적합한 보고서를 쓴다면, 먼저 과제에 적합한 참고문헌을 구입하여 읽고, 보고서 쓰는 방법에 관해 교사에게 질문을 하고, 친구들과 토론을 하여 일정 기간 동안에 보고서를 쓴 다음, 교사에게 제출하게 된다(고벽진 외, 2006). 이러한 각각의 행동은 분명한 하나의 목적을 지닌 하나의 커다란 통합된 행동으로 조직될 수 있는데, 이때 동기는 개개의 행동을 하나의 통합된 행동으로 조직하는 역할을 담당할 수 있다(정종진, 2001).

끝으로, 동기는 학업성취를 위한 수단인 동시에 교육의 목적으로도 작용할 수 있다(Gage & Berliner, 1992). 즉, 학생이 학교를 졸업한 후에 학문적이거나 심리적인 활동에 흥미를 갖고 계속 참여하기를 바란다는 점에서 특히 정의적 특성인 동기는 후천적 경험에 의해 많이 형성된다는 점에서 동기화는 학교교육이 추구해야 하는 목표 중의 하나이다(고벽진 외, 2006).

지금까지 살펴본 것처럼, 동기는 인간행동의 에너지이고, 행동의 활성을 증감시키며 행동의 방향을 정해 주는 심리적 요인으로서, 자동차에 비유하면 엔진과 핸들의 기능에 해당한다고 할 수 있다(정종진, 2001).

따라서, 자기주도적 학습 프로그램을 실시하기 전 활력을 불어넣어 주고, 앞으로의 학습의 방향을 정해주기 위한 뇌기반 자기주도적 학습 프로그램 1회기 오리엔테이션을 실시한다. 프로그램 내용 및 목적 커리큘럼, 일정 등을 상세하게 설명하여 프로그램의 참여 의지를 이끌어내고, 뇌기반 특징을 안내하고 두뇌유형 검사를 통해 자신의 두뇌유형을 찾게 하였으며, 뇌기반 모둠을 구성하고 모둠명을 짓는 등 활동에 흥미를 가지고 참여할 수 있도록 참여 동기를 유발시켰다.

2. 프로그램 교수—학습과정안

학습 주제	오리엔테이션 ~ 만남과 프로그램 안내			회기	1/10
학습 목표	• 프로그램의 목표와 과정을 이해할 수 있다. • 두뇌유형에 대해 이해하고 자신의 두뇌유형을 　찾을 수 있다.			자기주도적 학습원리	
				자기주도적 학습전략	
수업 단계	교수—학습활동 내용	모둠 구성	소요 시간	수업자료 및 유의점	
준비	• 뇌와 몸의 감각을 깨우기 • 몸과 뇌의 감각을 깨우는 뇌체조		10분	㉟ 동영상 자료, 음악 　자료 ㉤ 편안한 분위기 조성	
계획	1. 두뇌유형 탐색하기 2. 뇌기반 특징 안내하기 3. 자기의 두뇌유형 찾기		20분	㉟ 활동지, 준비물 ㉤ 뇌기반 특징을 안내 　하고 유형대로 선택 　하여 자신만의 유형 　을 탐색해 보게 한다. ㉤ 모둠별 활동시 시간 　활용을 잘할 수 　있도록 지도한다.	
실행	1. 프로그램 오리엔테이션 2. 상호 간에 신뢰감 형성하기 3. 프로그램의 목적, 커리큘럼, 일정 　안내하기 4. 프로그램에 대한 기대, 참가 의지 　다지기 5. 연구 참여 동의서 받기		50분	㉤ 프로그램 안내 및 　목적 등을 상세하게 　설명하여 프로그램 　의 참가 의지를 　이끌어낸다. ㉤ 연구의 의미를 잘 설 　명하여 참여 동의를	

	6. 사전검사 (두뇌유형 검사, 자기주도적 학습능력 검사) 7. 뇌기반 모둠 구성 및 모둠명 짓기		잘 이끌어낸다. ⊕ 뇌기반 모둠 구성시 A형과 B형은 설명 과 지시를 배제하고 C형과 D형은 적극 적으로 개입하고 이 끈다.
정리	• 개별 두뇌유형 발표하기 • 원하는 사람 발표하기 • 더 알고 싶은 점, 궁금한 점 질문하고 답하기 • 느낌 나누고 소감문 작성하기	20분	⊕ 시간 안배를 잘하여 발표 시간 조절을 잘한다.

활동자료—오리엔테이션: 두뇌유형 검사하기

☆ 활동 목표

- 프로그램의 목표와 과정을 이해할 수 있다.
- 두뇌유형에 대해 이해하고 자신의 두뇌유형을 찾을 수 있다.

☆ 준비물

◆ ppt 자료, 두뇌유형 검사지, 프로그램 안내문

☆ 활동 내용

① 뇌기반 자기주도적 학습 프로그램의 목표와 연구목적, 진행과정 등을 설명한다.

② 뇌기반 특징을 상세하게 설명해 준다.

③ 논리주도형(A형)이 9문항, 사고구조형(B형)이 9문항, 창의직관형(C형)이 9문항, 감정활동형(D형)이 9문항으로 4개 영역별 총 36개의 문항을 검사한다. 문항은 5단계 리커트 척도로 되어 있다.

④ 전체 문항을 읽고 자신과 가장 가깝다고 생각하는 곳에 체크한 후 각 문항별 평균점수가 가장 높은 유형이 자신의 두뇌유형으로 판단한다.

⑤ 뇌기반 평균 점수의 차이가 거의 없거나 동점이 나온 경우에는 다시 한번 검사하고 그래도 동점이 나온 경우에는 친구들과 교사의 의견

을 참고하여 두뇌유형을 판별하게 한다.

⑥ 원하는 사람은 자신의 두뇌유형 검사 결과를 자신의 특징과 비교하여 발표하게 하고 친구들의 의견도 들어보게 한다.

⑦ 앞으로 프로그램을 진행할 때 A형과 B형은 주로 개별수업을, C형과 D형은 모둠수업으로 진행한다.

⑧ 두뇌유형이 판별되면 모둠을 구성하고 모둠별로 모둠명을 짓는다. 그리고 모둠장을 뽑고 모둠원끼리 앞으로 전개될 프로그램에 참여할 의지를 다진다.

⑨ 전체 활동 후 프로그램 참여 소감을 발표하고 다음 프로그램을 안내한다.

☆ 지도상의 유의점

✎ 프로그램 목적 및 연구의 의미 등을 상세하게 설명하여 프로그램의 참가 의지와 동의를 이끌어낸다.

✎ 두뇌유형 검사 문항에 체크할 때 되도록 3번에는 체크를 하지 않도록 지도한다.

✎ 두뇌유형 판별이 애매한 경우 본인이 판단하거나 주변 친구들의 의견을 반영하여 판별한다.

✎ 이해하기 어려운 문항 내용은 풀어서 설명해 준다.

두뇌유형 검사 문항

학번: (   ) 이름: (   )

* 이 설문지는 여러분의 두뇌유형을 알아보고자 하는 검사입니다. 질문 내용에는 정답이 따로 있는 것이 아니기에 문제를 잘 읽고 끝까지 솔직하고 성실하게 자신의 생각에 가장 가까운 곳에 ✔ 표시를 하여 주시기 바랍니다.

두뇌 유형	번호	문항 내용	척 도				
			전혀 그렇지 않다 (1)	그렇지 않다 (2)	보통이다 (3)	그렇다 (4)	매우 그렇다 (5)
논리 주도형 (A형)	1	나는 수리적 계산력이 아주 빠르다.	①	②	③	④	⑤
	2	나는 남들이 나의 논리를 비판하면 즉각 반론을 편다.	①	②	③	④	⑤
	3	나는 다른 사람의 말 중 비논리적인 부분에 대하여 민감하게 반응한다.	①	②	③	④	⑤
	4	나는 정보나 자료가 어떻게 논리적으로 연결되어 있는지를 쉽게 알아낸다.	①	②	③	④	⑤
	5	나는 다른 사람의 말에 귀를 기울이고 나 자신에게 반복함으로써 정보를 잘 기억한다.	①	②	③	④	⑤
	6	내가 가장 좋아하는 수업방식은 짧은 강의, 토론, 창의적 글쓰기 등이다.	①	②	③	④	⑤
	7	나는 주의 깊게 피드백을 요구함으로써 정보를 잘 잘 기억한다.	①	②	③	④	⑤
	8	나는 문제를 내 방식대로 해결하는 것을 좋아한다.	①	②	③	④	⑤
	9	나는 모둠학습보다 개별학습을 더 선호한다.	①	②	③	④	⑤

사고 구조 형 (B형)	1	나는 변화가 많은 것보다는 안정적인 것을 더 좋아한다.	①	②	③	④	⑤
	2	나는 내가 하던 생활방식을 잘 바꾸지 않는다.	①	②	③	④	⑤
	3	나는 일을 같이하게 될 때면 친구들에게 자세하게 지시하는 편이다.	①	②	③	④	⑤
	4	나는 주의 깊게 계획을 세워 일을 처리한다.	①	②	③	④	⑤
	5	나는 일정에 따라 순서대로 일을 끝내는 것에 익숙하다.	①	②	③	④	⑤
	6	나는 수업 내용을 구조화하고 정리를 잘한다.	①	②	③	④	⑤
	7	나는 약속장소를 정할 때 사전에 미리 가보고 어떻게 가는 것이 좋을지 알아본다.	①	②	③	④	⑤
	8	나는 교과서나 문제집 내용을 꼼꼼하게 본다.	①	②	③	④	⑤
	9	나는 다른 사람들과 의견이 다를 때 의견 일치를 위해 노력한다.	①	②	③	④	⑤
창의 직관 형 (C형)	1	나는 무엇이든지 시각적으로 잘 꾸미는 능력이 있다.	①	②	③	④	⑤
	2	나는 남들이 도저히 생각하지 못하는 기발하거나 참신한 생각을 해내는 경우가 자주 있다.	①	②	③	④	⑤
	3	나는 사물이나 사람을 보면 직관적으로 무엇을 닮았구나 하는 생각이 떠오른다.	①	②	③	④	⑤
	4	나는 시각자료, 모형, 영상, 집단 과제 등을 사용하는 수업 방식을 선호하는 편이다.	①	②	③	④	⑤
	5	나는 정보를 직접 눈으로 봄으로써 잘 기억한다.	①	②	③	④	⑤
	6	나는 가보지 못한 약속 장소에 가야 할 때 명확한 약도나 지도가 필요하다.	①	②	③	④	⑤
	7	나는 숨겨진 관련성 찾아내기를 잘 한다.	①	②	③	④	⑤
	8	사람들은 나를 독특한 사람으로 평가한다.	①	②	③	④	⑤
	9	나는 감정적인 사람과 어울리는 것은 힘든 편이다.	①	②	③	④	⑤

감정 활동 형 (D형)	1	나는 정이 많다는 소리를 종종 듣는다.	①	②	③	④	⑤
	2	나는 서먹서먹한 상황 하에서도 내가 먼저 인사한다.	①	②	③	④	⑤
	3	나는 다른 사람들의 부탁과 고민을 잘 들어준다.	①	②	③	④	⑤
	4	나는 음악을 듣는 것을 매우 좋아한다.	①	②	③	④	⑤
	5	나는 다른 사람이 나의 기분과 욕구에 맞춰 줄 때 행복한 편이다.	①	②	③	④	⑤
	6	나는 활동적인 수업을 좋아한다.	①	②	③	④	⑤
	7	나의 장점은 열정적인 것이다.	①	②	③	④	⑤
	8	나는 공부를 할 때 친구들과 함께 하는 것이 즐겁다.	①	②	③	④	⑤
	9	나는 평소 사람들을 잘 돕는 편이다.	①	②	③	④	⑤

☆ 두뇌유형 검사 결과 사례

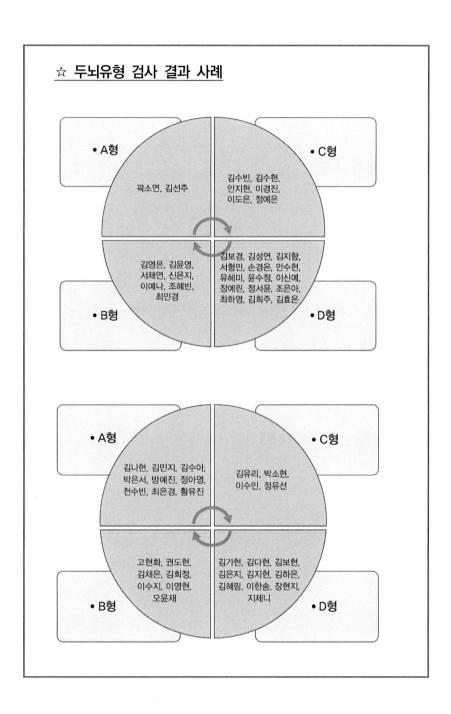

• A형

곽소연, 김선주

• C형

김수빈, 김수현,
안지현, 이경진,
이도은, 정예은

• B형

김영은, 김윤영,
서채연, 신은지,
이예나, 조혜빈,
최민경

• D형

김보경, 김성연, 김지향,
서형민, 손경은, 안수현,
유혜미, 윤수정, 이신예,
장예린, 정서윤, 조은아,
좌하영, 김희주, 김효은

• A형

김나현, 김민지, 김수아,
박은서, 방예진, 정아영,
천수빈, 최은경, 황유진

• C형

김유리, 박소현,
이수민, 정유선

• B형

고현화, 권도현,
김채은, 김희정,
이수지, 이영현,
오윤재

• D형

김가현, 김다현, 김보현,
김은지, 김지현, 김하은,
김혜림, 이한송, 장현지,
지제니

활동지(1회기): 나의 두뇌유형 찾기

☆ 활동 개요

✐ 두뇌유형의 특징을 이해하고 나의 두뇌유형을 찾아보자.

☆ 활동 내용

1. 나의 두뇌유형은 무엇인가요? 나의 두뇌유형의 특징은 어떠한가요?

2. 뇌기반 모둠을 구성하고 모둠 명을 지어보자.

3. 뇌기반 자기주도적 학습 프로그램에 참여하는 소감을 적어보자.

II

나를 찾아 떠나는 여행

2회기. 자아 찾기
- 나를 찾아 떠나는 여행 -

1. 자아개념 개요

자아개념 형성하기는 학습자가 학습과 자신의 삶을 위한 긍정적 주체로서기 위해 자신의 정체성을 확인하고 바람직한 자아상을 정립하는 데에 중요한 역할을 하므로 프로그램 회기별 내용 중 가장 중점을 두고 진행하였다. 다양한 형태의 자아탐색 프로그램을 통해서 자신의 과거, 현재, 미래를 돌아보고 성격 및 개성, 특기 등을 파악해본다. 우선 뇌크레이션을 통하여 뇌와 몸을 깨우고 자신의 정체성을 확인한다. 그 다음에는 자신이 스스로 바라보는 모습과 남들이 바라보는 자신의 모습 속에서 복합적인 자아의 모습과 바람직한 자아상을 탐색한다.

Patterson(1973)이 '자아개념이란 한 인간이 자기 자신의 태도, 감정과 신념, 그리고 자신에 관한 기대 등에 관해 스스로 지각하고 견해를 갖는 방식'이라고 한 것처럼 스스로 자신에게 묻고 답을 제시하는 것이 자아개념이며 자기 자신에 대한 근원적인 인식을 해야 하므로 전체를 대상으로 외부 강사를 초청하여 '자아 찾기' 특강을 공통으로 운영하였다.

2. 프로그램 교수—학습과정안

학습 주제	자아 찾기 ~ 나를 찾아 떠나는 여행			회기	2/10
학습 목표	• 자신의 내재적 가치를 깨달 소중한 존재임을 알 수 있다. • 자기정체성 찾을 수 있다.			자기주도적 학습원리	동기유발의 원리
				자기주도적 학습전략	자아개념 형성하기
수업 단계	교수—학습활동 내용	모둠 구성	소요 시간	수업자료 및 유의점	
준비	• 뇌와 몸의 감각을 깨우기 – 주의집중 및 감각열기 • 몸과 뇌의 감각을 깨우는 신체 활성화 뇌체조		10분	㉪ ppt 자료	
계획	• 뇌크레이션을 통한 자신의 뇌 상태 점검 및 몸 활성화를 통한 마음 열기 – 빨대로 컵 옮기기 – 졸대로 구슬 옮기기		30분	㉪ 활동지, 음악(뇌크 레이션 음악) ㉢ 뇌크레이션 진행시 서로 협동하여 진행하도록 한다.	
실행	• 에너지 집중명상을 통한 마음 들여다보기 • 신체 상태 지각 및 조절을 위한 호흡명상하기 • 신문지 활동을 통한 마음 정화하기		40분	㉪ 프로그램 안내 유인물, 신문지 음악(에너지집중명상) ㉢ 에너지 집중 명상시 명상음악을 잔잔하게 틀어주고 집중하게 한다.	

	• 내면에 남아있는 화와 분노 　표출하기 • 나에게 할 수 있다는 용기주기 • 나는 소중한 존재임을 깨닫기		
정리	• 2회기 내용 돌아보기 및 느낌나누기 • 2회기 소감문 작성하기	20분	㉴ 시간 조절을 잘한다.

활동자료 1—뇌크레이션(빨대로 컵 옮기기, 졸대로 구슬 옮기기)

☆ 활동 목표

뇌크레이션은 뇌와 레크레이션을 합친 말로 신나는 음악을 틀어놓고 뇌를 깨울 수 있는 여러 가지 레크레이션을 통해 자신의 뇌 상태를 점검하고, 뇌를 활성화하면 몸과 마음을 깨우고 활성화할 수 있다.

☆ 준비물

◆ ppt 자료, 음악(뇌크레이션 음악), 빨대, 종이컵, 구슬, 졸대, 활동지

☆ 활동 내용

◆ 빨대로 컵 옮기기
① 몸과 뇌를 활성화하여 마음을 활짝 연 다음 활동을 한다.
② 팀별 2인 1조로 나누어 게임식으로 진행을 한다. 빨대로 컵 옮기기 게임은 두 명이 각각 입에 빨대를 물고 한 개의 종이컵을 목적지까지 옮기는 게임이다.
③ 목적지를 되돌아와서 다음 조에게 터치하면서 진행한다. 두 사람의 호흡이 잘 맞아야 실수하지 않고 빠르게 잘 옮길 수 있고 팀 전체의 단합도 중요하다.

◆ 졸대로 구슬 옮기기

① 졸대로 구슬 옮기기 게임은 각 팀원 하나하나의 졸대를 전체로 연결하고 졸대의 길이 끊어지지 않게 계속 연결하여 구슬을 목표 지점까지 옮기는 것이다.

② 이때 구슬은 소중한 꿈을 상징하고 목표 지점까지 꿈을 옮기는 것이라고 생각하고 한마음이 되지 않으면 구슬이 떨어지게 되고 처음부터 다시 하여야 한다.

③ 팀원 전체의 마음을 맞추고 협동을 하여야 하기 때문에 서로서로 한마음으로 뭉치는 협동심도 기를 수 있다.

④ 빠르게 옮기는 것이 중요한 것이 아니라 느리게 하더라도 함께 정확하게 목적지에 도달하는 것이 중요하다는 것도 생각해 보는 시간을 가질 수 있다.

☆ 지도상의 유의점

◆ 학생 개개인마다 수행이 다양할 수 있고 전체적인 활동과 화합을 이끌어낼 수 있도록 학생의 수준과 특성에 적합한 프로그램 활동이 이루어지도록 해야 한다.

◆ 뇌의 감각을 깨우기 위해서는 몸을 먼저 활성화해야 한다. 몸을 활성화시키는 뇌체조를 할 때 쉬운 동작부터 점차적으로 실시한다.

◆ 뇌크레이션 진행시 이기는 것보다 서로 협동하여 진행하도록 하고 게임의 규칙을 잘 지킬 수 있도록 지도한다.

☆ 활동 모습

❖ 뇌크레이션 – 빨대로 컵 옮기기 ❖

❖ 뇌크레이션 – 졸대로 구슬(꿈) 옮기기 ❖

☆ 활동 목표

에너지 집중명상을 통해 자신의 내면을 들여다보고 신체 부위에 집중하면서 마음을 모을 수 있다.

☆ 준비물

◆ ppt 자료, 음악(뇌크레이션 음악), 활동지

☆ 지도상의 유의점

◆ 에너지 집중명상시 명상음악을 잔잔하게 틀어주고 집중하게 한다.
◆ 에너지 집중명상을 통해 자신의 마음을 들여다보게 하고 신체 상태 지각 및 조절을 위한 호흡명상을 하게 한다.

☆ 활동 내용

뇌크레이션 활동을 통해 뇌와 몸을 깨운 후 잔잔한 명상음악을 배경으로 에너지 집중명상을 한다. 각자의 편안한 위치에 자리를 잡고 명상을 하면서 자신의 마음을 들여다본다.

자신의 소중한 모든 신체 부위에 집중하며 명상을 하고, 몸의 상태를 지각하며 에너지 조절을 위한 호흡명상을 이어나간다.

☆ 활동 모습

❖ 에너지 집중 명상 활동 모습 ❖

활동자료 3—신문지 활동을 통한 마음 정화하기

☆ 활동 목표

사람은 누구나 자신을 바라보는 자신의 모습과 남들에게 보여지는 모습이 있다. 즉 나는 나로만 존재하는 것이 아니라 다른 사람들과의 관계 속에서 내가 존재하며, 진정한 나의 모습은 사람들과 관계 속에서 완성된다고도 할 수 있다.

☆ 준비물

◆ ppt 자료, 음악(뇌크레이션 음악), 활동지, 신문지

☆ 지도상의 유의점

◆ 신문지 활동할 때 신문지에 지금 이순간 자신이 가지고 있는 긴장과 갈등, 스트레스 요인 등을 모두 이끌어낼 수 있도록 한다.

☆ 활동 내용

나를 둘러싼 주변 사람들이 나의 주인은 아니고 결국은 그들의 시선과 관계 속에서 나는 보여지고 살아가지만 주체적인 나 자신을 확인하기는 쉽지 않다.

신문지 활동은 신문지에 내가 생각하는 나와 남들이 바라보는 나 사이

의 긴장과 갈등을 되돌아보고 적어보면서 스스로의 참모습을 찾고 보다 의미 있는 관계를 정립해 본다. 그리고 앞으로의 인생을 살아가면서 미래의 모습을 그려보면서 공부의 목표와 방향을 설정할 수 있다. 신문지에 적은 자신의 모습과 마음을 날려 보내면서 나에게 할 수 있다는 용기를 주고 자신이 소중한 존재임을 깨달으며 스스로 바라보는 나와 타인의 시선에 비추어진 나 사이의 관계에 대한 의미를 정리해본다.

☆ 활동 모습

❖ 신문지 활동을 통한 마음 정화하기 활동 모습 ❖

❖ 자아찾기 특강 후 소감 나누기 ❖

'나를 찾아 떠나는 여행' 2회기 프로그램을 진행한 후 자신과 자신의 삶을 위한 긍정적 주체로 서기 위해 자신의 정체성을 확인하고 난 후의 소감을 서로 나누며 바람직한 자아상을 정립한다.

☆ 활동 소감

"무작정 나를 들여다보는 것이 아니라 친구들과 놀면서 자연스럽게 나를 알아갈 수 있어서 좋았다. 특히, 내 안에 있는 상처들을 다 뱉어버리는 활동을 할 때 속이 시원했다. 신문지에 적고 찢고 친구들과 던지고 노는 과정이 굉장히 행복했다. 수많은 경쟁률을 뚫고 태어난 내가 소중하고 귀하다는 사실을 잊고 있었다는 걸 다시 한 번 깨달았다."

"처음에는 우리가 항상 받는 교육이랑 다를 것이 있을까 라는 생각으로 이번 '자아 찾기' 특강을 들었다. 처음에는 모둠별로 협동해야만 할 수 있는 게임들을 하면서 같이 협동하는 것의 중요성을 깨달았던 것 같다. 그러한 게임이 끝난 후에 명상과 자신이 상처받은 기억들을 적고 찢는 활동을 통해서 조금은 나 자신에 대해 깊이 들여다 볼 수 있었다. 평소에 받던 진로 프로그램들과 달리 같이 하고 나 자신을 찾을 수 있는 시간을 가질 수 있어서 좋았다."

"지금까지 잊고 살았던 점이 나 자신에게는 내가 소고라는 점, 아순우라는 것이었는데 그러다보니 다른 사람에게 인정받으려고 했던 것 같다. 그 과정에서 상처도 많이 받게 된 것같다. 이번 교육을 통해 나에게 내가 소고이며 멋있는 내가 되기 위해 모든 것을 하기로 결심하게 되었다"

"내안에 나쁜 생각과 분했던 기분을 다 풀어 내서 좋았고 나쁜 마음이 빠져나가 좋은 마음이 들어올 자리가 생긴 느낌이 든다. 그리고 스트레스에 저져있던 몸이 한결 가볍게 느껴졌다"

"자아찾기라는 주제에 맞게 프로그램을 하면서 나 자신을 찾아갈 수 있었던 것 같아서 좋았다. 또 명상을 하면서 내 안의 숨어있는 상처들을 밖으로 꺼내고 그것들을 신문지에 적어서 찢는 활동을 했는데 이 활동을 통해 내면의 상처들을 치료하고 깨끗해진 나를 돌아볼 수 있어서 좋았다. 바구에 물을 담고 그 물에 누군가에게 상처가 될 수 있는 말을 하며 흙이 묻은 돌맹이를 던지게 인상적이었다. 그리고 나서 그 흙탕물에 깨끗한 물을 부으면서 우리에게 이런 깨끗한 물을 채워 넣어야 한다고 말씀하신게 기억에 남는다"

☆ 자기이해를 통한 긍정적 자아 형성

참가자들은 프로그램을 통해 평소 생각해보지 않았던 자신을 돌아보고 고민하게 되면서 자기성찰을 하는 과정을 거친 것으로 보이며 이를 통해 긍정적인 자아상이 확립되었음을 알 수 있었다.

자신의 내면을 들여다보고 자신의 소중한 가치를 깨닫는 과정에서 형성된 긍정적인 자아개념은 학교생활이나 학업성취 면에서 중요한 개념이다. 학교에서 적응을 제대로 못하거나 학업성적이 낮은 학생들은 대개 부정적인 자아개념을 형성하고 있으며, 반대로 학교생활을 잘 적응하고 학업성취가 높은 학생들은 대개 긍정적인 자아개념을 형성하고 있다는 것이 밝혀져 있다. 본 연구자가 가장 중점을 두고 프로그램을 진행한 영역인 동기의 차원에서 자아개념 형성은 자기주도적 학습에 참여하는 행동에의 출발점인 것이다. 따라서 자기주도적으로 학습한다는 것은 학습자가 긍정적인 자아개념이 형성되었기 때문이며, 내적인 동기유발이 되었을 때 학습에 대한 흥미를 가지고 자발적으로 학습에 참여하고 접근하기 때문이다.

활동지(2회기): 나를 찾아 떠나는 여행

☆ 활동 개요

✎ '자아찾기'여행에서 찾은 소감을 적어주세요.

☆ 활동 내용

1. '뇌크레이션' 활동을 통해서 알게 된 점이나 깨달은 점은 무엇인가요?
   나의 두뇌유형은 무엇인가요?

2. '에너지 집중명상' 활동을 통해서 알게 된 점이나 깨달은 점은 무엇인가요?

3. '신문지 활동'을 통해서 알게 된 점이나 깨달은 점은 무엇인가요?

III

학습등대에
불을 밝히자

3회기. 목표 설정
- 학습등대에 불을 밝히자 -

1. 목표 설정 개요

목표의식을 왜 가져야 하는지에 대해 목표가 있는 삶과 목표가 없는 삶의 놀라운 연구결과 비교하여 설명한다. 미국 예일대 졸업생들을 22년간 추적하여 설문조사한 연구결과에서 알 수 있듯이 글로 쓴 구체적인 목표가 있다고 대답한 상위 3%의 계층이 나머지 97%의 계층에 비해 무려 10배의 소득 격차를 보였다.

목표 설정과 학습의 관계를 뇌과학적 이해하기 위하여 목표 설정 뇌부위인 전전두엽을 설명하고, 과천의대 뇌과학연구소에서 실시한 전전두엽의 두께와 성적의 관계 동영상을 보여준다. 전전두엽은 목표 설정과 계획 수립, 사회적 책임과 효율적인 행동을 정하고 삶의 우선순위를 정하는데 중요한 역할을 한다.

그리고 교사의 목표 설정 사례를 보여주며 목표 설정의 중요성을 강조하고, 목표 설정시 SMART[Specific(명확한), Measurable(측정가능한), Attainable(실현가능한), Realitic(현실적인), Time-bound(완료시한이 있는)] 목표 설정 방법을 설명한다.

2. 프로그램 교수 — 학습과정안

학습 주제	학습등대에 불을 밝히자~ 목표 설정			회기	3/10
학습 목표	• 삶의 목적, 공부목표를 세울 수 있다. • 자신의 두뇌유형에 맞는 목표를 설정할 수 있다.			자기주도적 학습원리	동기유발의 원리
				자기주도적 학습전략	학습목표 설정하기
수업 단계	교수–학습활동 내용	모둠 구성	소 요 시 간	수업자료 및 유의점	
준비	• 뇌와 몸의 감각 깨우기 • 몸과 뇌의 감각을 깨우는 뇌체조		10 분	㉝ 동영상 자료, 음악자료 ㉨ 편안한 분위기 조성	
계획	1. 목표의식을 왜 가져야 하는가? 2. 목표 설정과 학습의 관계 • 뇌과학적 이해하기 • 목표 설정 뇌부위인 전전두엽 이해하기 • 전전두엽의 두께와 성적의 관계 이해하기 3. SMART 목표 설정 방법(공통) 이해하기 • Specific: 명확한 • Measurable: 측정가능한 • Attainable: 실현가능한 • Realitic: 현실적인 • Time-bound: 완료시한이 있는 4. 뇌기반 목표 설정 방법 안내하기 5. 뇌기반 목표 설정 방법 탐색하기		20 분	㉝ 활동지, 준비물 ㉨ 뇌기반 학습내용을 안 내하고 유형대로 선택 하여 자신만의 방법을 탐색해보게 한다. ㉨ 모둠별 활동시 시간 활용을 잘 할 수 있도록 지도한다. ㉨ 뇌기반 활동 방법을 찾거나 자신만의 방법 을 선택하도록 안내	

실행	1. 뇌기반 목표 설정 방법 찾기 　**(A형)** 자기사명서, 자기헌법, 　　　PDP 작성 　**(B형)** 드림리스트, 드림맵 　**(C형)** 비전보드, Hope Tree 　**(D형)** 드림무비, 장소 VD 2. 자신만의 목표 설정 문서화하기 3. 목표 설정 선언하기 4. 생활 속에서 실천 의지 다지기	A형 B형 개별 학습	40 분	[교사의 역할] • 구조화되지 않은 과제 　제시 • 설명, 지시 배제 • 개별성, 독자성 인정 　주기적인 행동 및 　내용 점검
		C형 D형 모둠 학습		[교사의 역할] • 문제 해결 전략 제시 • 과제 구조화 강화 및 　도움 • 감정적인 지원 　전체적인 흐름, 맥락 　파악
정리	• 개별, 모둠별로 결과 발표하기 – 각자의 결과물 벽에 게시, 　원하는 사람 발표하기 • 더 알고 싶은 점, 궁금한 점 　질문하고 답하기 • 느낌 나누고 소감문 작성하기		30 분	㉐ 시간 안배를 잘하여 　발표 시간 조절을 잘 　한다.

꿈이 삶의 전체를 흐르는 희망이라면, 목표는 특정 기간에 이루고 싶은 구체적인 일이나 바람이다. 꿈과 목표는 상호보완적 관계를 유지한다. 꿈이 있으면 자연스럽게 구체적인 목표가 생기고, 명백한 목표를 설정해서 결국에는 꿈을 갖게 된다. 어떤 사람은 장래에 이룰 꿈을 먼저 세우고, 반대로 다른 사람은 곧 달성할 수 있는 목표를 세운다. 목표의식이 있기 때문에 꿈을 갖게 되는 사람이 있는가 하면, 꿈이 있기 때문에 목표를 세우는 사람도 있다.

꿈과 목표에 관하여 서로 다르게 접근할 수 있지만 분명한 것은 목표를 세우기 전에 반드시 목표에 도달하기 위한 구체적인 전략을 현실적으로 고려해야 한다. 구체적인 전략과 현실성이 없는 목표는 무의미하다. 현실성이 있는 구체적인 방법을 고려하면서 현재 자신의 능력으로 도달하기 약간 어려운 상위의 목표를 설정하는 것이 바람직하다. 그렇지 않을 경우에는 목표에 달성할 가능성이 희박해진다.

가. 목표 설정

플래닝에서 가장 우선적인 것은 바로 목표 설정이다. 대부분의 학생들은 계획을 세운다고 하면 시간계획표를 먼저 떠올린다. 즉, 일정을 시간표 속에 적당히 배치하는 것을 계획이라고 생각한다.

그래서 계획을 세우라고 하면 해야 할 일(To do list)을 일간이나 주간 시간표 속에 배치하는 이들이 많다. 사실 단기 계획이나 장기계획을 세워 보는 학생들도 그렇게 하고 나면 왠지 규모 있는 삶을 살 수 있을 것 같은 느낌에 뿌듯해하면서도 더 이상 구체적인 계획을 실행하는 방향으로 나아가는 것이 쉽지 않다.

그것은 진정한 '계획'이 아니다. 그저 내게 주어진 일정을 단순히 정리하는 것일 뿐이다. 그런 식으로 계획을 세우고 하루하루 열심히 그것을 시행하며 살아간다고 해도, 진정으로 성장하는 삶을 향해 나아갈 수는 없다.

형식적인 계획 세우기에 매달리기 전에, 우선 확실한 목표 설정부터 해야 진정한 계획을 세울 수 있고 실행을 위한 힘도 얻을 수 있다. 목표가 없다면 계획을 세워 봐야 무슨 소용이 있겠으며, 목표에 구체성이 없다면 계획을 실행할 의지가 어떻게 생기겠는가? 그래서 플래닝에 있어서는 무엇보다 목표 설정이 우선시되어야 한다. 목표 설정이 되지 않은 계획은 방향성도 갖출 수 없고, 우선순위에 대한 기준도 방향성을 갖추지 못하게 되면 주어진 일들에 대한 일정을 세우고 나서 남은 시간이 생길 경우 어떻게 그 시간들을 채워야 할지 모르게 된다. 또한 우선순위가 없는 경우에는 일정이 조금만 늘어나게 되어도 무엇을 취하고 무엇을 버려야 하는지를 판단하기 어려워져 혼란에 빠지기 쉽다.

진정한 계획이란 '해야 할 일'들을 잘 처리하기 위해서가 아니라 '되고 싶은 나'를 만들어 나가기 위해 세우는 것이다.

나. 목표의식 만들기

여러분이 다니고 있는 학교의 반 친구들을 떠올려 보자. 지금은 여러분과 친구들의 삶이 별로 다를 것이 없어 보인다. 등교하고, 수업을 듣고, 친구들과 어울리고…, 하지만 5년 혹은 10년 여러분은 친구들과 확연히 다른 삶을 살아가게 될 것이다.

삶의 핵심은 목표 의식의 유무에 있다. 원하는 목표를 확고히 세우고 그것을 이루기 위해 노력하겠다는 생각, 즉 목표 의식이 있느냐 없느냐에 따라 여러분의 삶은 크게 달라진다. 보통 자신의 목표를 분명히 하고 기록하는 학생은 별로 많지 않지만, 목표를 분명하게 가진 학생들일수록 학습 분야에서 더욱 성공적인 결과가 나왔다는 연구결과도 있다.

목표 설정은 성공의 비법이다. 명확하고 체계적으로 목표를 세우고 성취를 위한 계획을 수립하는 능력이야말로 여러분이 생각할 수 있는 어떤 방법보다 성적 향상에 도움이 될 것이다.

목표 설정은 복잡한 것이 아니다. 종이 한 장과 펜 한 자루 그리고 자신에서 시작한다. 학습목표를 기록하는 일은 습관을 바꾸고 성적을 바꿀 것이다.

다. '나' 발견하기

그렇다면 목표 설정을 어떻게 하는 것이 바람직한가?

올바른 목표 설정은 먼저 나에 대해 발견한다는 것, 즉 '나 발견하기'로 시작된다. 지금부터 나에 대해 발견하는 몇 가지 과정을 함께 거쳐보도록 하자.

우리나라 학생들은 대부분 '자신'의 존재에 대해 깊이 사고하는 것을 어려워하고 있다. 그 이유는 자신이 누구이고 왜 살아야 하는지, 그리고 다른 사람과 내가 어떻게 다른지에 대해 배우지 못했기 때문이다.

우리는 모두 다르다. 그렇기 때문에 당연히 남들과 다른 모습으로 어떻게 이 세상에서 살아가야 하는지 배워야 한다. 하지만 우리는 모두 똑같은 공부를 하도록 강요당하고 있으며 그 안에서 적응을 잘 하는 것이 인생에서 성공하는 것이라고 배우고 있다.

물론 자신이 하고 싶은 일, 또는 자신을 필요로 하는 곳을 짧은 기간 내에 발견하기란 쉽지 않다. 그래서 아주 어렸을 때부터 부단한 탐색이 필요한 것이다. 그리고 가능하면 대학생이 되기 전에 그 탐색의 결론을 내는 것이 좋다. 그래서 그것에 대한 탐색은 전략적 계획 수립, 즉 플래닝의 첫 번째 원칙이기도 하다.

목표 탐색(설정)이 플래닝의 첫 번째 원칙이라면, 목표 탐색의 첫 번째 단계는 바로 '나 발견하기'가 되는 것은 이러한 이유에서이다.

☆ 활동 목표

- 삶의 목적, 공부목표를 세울 수 있다.
- 자신의 두뇌유형에 맞는 목표를 설정할 수 있다.

☆ 준비물

◆ 동영상 자료, 음악자료, ppt 자료, 활동지, 도화지, 그리기도구

☆ 활동 내용

① 일반적인 목표 설정 전략을 안내한다.

② 뇌기반 목표 설정 방법을 안내하고 뇌기반 자신에게 맞는 목표 설정 방법을 탐색한다.

③ A형은 자기사명서, 자기헌법, PDP 작성방법을 설명하고 각각의 예시 자료를 제시한다. A형의 자기사명서는 자신의 삶과 공부에 대한 자신만의 사명을 글로 나타내고, 자기헌법은 헌법의 형식처럼 자신의 사명을 나타낸다. 그리고 PDP(Personal Development Plan)는 사명선언서와 인생 비전, 10년 후의 목표와 목표를 이루기 위한 주요 실천사항과 보완사항을 적는다.

④ B형은 드림리스트, 드림맵 작성방법을 설명하고 각각의 예시 자료를 제시한다. B형의 드림리스트는 꿈과 목표를 리스트 형태로 나타

내는 것이고, 드림맵은 마인드맵의 형태로 표현한다.

⑤ C형은 비전보드, Hope Tree 작성 방법을 설명하고 각각의 예시 자료를 제시한다. C형의 비전보드는 사진과 간단한 설명을, Hope Tree는 나무 형태로 표현하는 것으로 시각적인 효과를 살리는 것이다. 사진 검색은 구글 등의 이미지 검색을 이용한다.

⑥ D형은 드림무비, 장소 VD 등을 설명하고 각각의 예시 자료를 제시한다. D형의 드림무비는 동영상 제작 프로그램인 Movavi, 알씨, 곰믹스 등을 이용하여 동영상으로 제작하고, 장소 VD 자신이 가고 싶은 대학이나 여행지, 회사 등을 직접 방문하여 인증샷 등으로 표현한다.

⑦ 자신만의 방법으로 목표 설정 문서화하기가 완성되면 친구들 앞에서 선언하고 생활 속의 여러 장소에 게시한 다음 주기적으로 실천 의지를 다질 수 있도록 피드백한다.

⑧ 예일대의 연구 결과처럼 글로 기록된 구체적인 목표가 있는 사람은 미래의 목표를 구체적이고 생생하게 그리면서 목표에 도달하기 위해 열심히 노력하므로 인생에서의 성공 확률도 높다는 것을 다시 한번 상기시킨다.

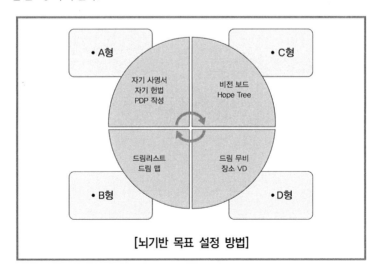

[뇌기반 목표 설정 방법]

☆ 지도상의 유의점

◆ 뇌기반 목표 설정 방법을 안내하고 유형대로 선택하여 자신만의 방법을 탐색해보게 한다.

◆ 모둠별 활동 시 시간 활용을 잘할 수 있도록 지도한다.

◆ 뇌기반 활동 방법을 찾거나 자신만의 방법을 선택하도록 안내한다.

◆ [교사의 역할] A형과 B형은 독자성을 인정하여 개별적으로 진행하고 과제를 제시할 때에도 설명과 지시를 최대한 배제하며, 중간중간에 행동 및 진행 내용을 점검한다.

C형과 D형은 모둠으로 진행하고 문제해결 전략과 과제 구조화 강화 및 도움을 적극적으로 하며 주기적인 감정적인 지원을 하여 전체적인 흐름, 맥락을 파악하여 피드백을 한다.

◆ 목표 설정할 때 구체적이고 실천할 수 있는 목표를 설정하게 한다.

☆ 활동 소감

"고3이 되기 전 나의 마음을 어지럽히던 모든 것들을 정리하고 후련하게 털어버려서 새로운 마음가짐으로 다시 공부 목표를 세울 수 있게 되어 좋았다."

"긍정적으로 생각하게 되었고 올바른 공부 습관과 방법을 찾을 수 있게 되었다. 무엇보다 억압과 스트레스를 받는 기분이 많이 줄어들고 공부의 거부감이 줄어 들었으며 공부 목표를 세울 수 있어서 좋았다."

❖ 뇌기반 목표 설정 사례 ❖

A형 —PDP	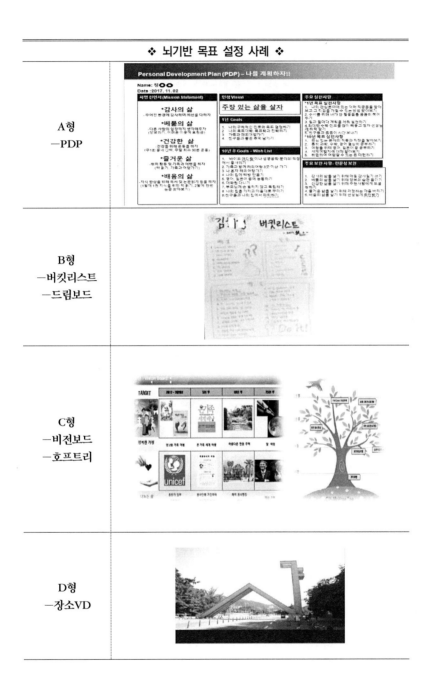
B형 —버킷리스트 —드림보드	
C형 —비전보드 —호프트리	
D형 —장소VD	

활동지[A형]: 3회기—학습등대에 불을 밝히자—목표 설정

☆ 활동 개요

✐ 삶의 목적, 공부하는 목표 등을 자신만의 방법으로 표현해보자.
✐ 자기사명서, 자기헌법, PDP 작성 중 선택하기

☆ 활동 내용

1. 제목은 무엇으로 정하였나요?

2. 어떤 방법으로 쓸 것인가요?

3. 위의 내용을 바탕으로 자신의 삶의 목적, 공부 목표를 적어보자.

Personal Development Plan(PDP) — 실습		
Name: Date: 2018. 12. 22		
서명 선언서(Mission Statement)	인생 Vision	주요 실천사항
		*1년 목표 실천사항
	1년 Goals	*10년 목표 실천사항
	10년 후 Goals — Wish List	주요 보완 사항 — 전문성 보완

활동지[B형]: 3회기─학습등대에 불을 밝히자─목표 설정

☆ 활동 개요

✐ 삶의 목적, 공부하는 목표 등을 자신만의 방법으로 표현해보자.
✐ 드림리스트, 드림맵, 버킷리스트 중 선택하기

☆ 활동 내용

1. 제목은 무엇으로 정하였나요?

2. 제목은 무엇으로 정하였나요?

3. 위의 내용을 바탕으로 자신의 삶의 목적, 공부 목표를 적어보자.

활동지[C형]: 3회기─학습등대에 불을 밝히자─목표 설정

☆ 활동 개요

🖉 삶의 목적, 공부하는 목표 등을 자신만의 방법으로 표현해보자.
🖉 비전보드, Hope Tree 중 선택하기

☆ 활동 내용

1. 제목은 무엇으로 정하였나요?

2. 어떤 방법으로 쓸 것인가요?

3. 위의 내용을 바탕으로 자신의 삶의 목적, 공부 목표를 적어보자.

활동지[D형]: 3회기―학습등대에 불을 밝히자―목표 설정

☆ 활동 개요

✐ 삶의 목적, 공부하는 목표 등을 자신만의 방법으로 표현해보자.
✐ 드림무비, 장소 VD 중 선택하기

☆ 활동 내용

1. 제목은 무엇으로 정하였나요?

2. 어떤 방법으로 쓸 것인가요?

3. 위의 내용을 바탕으로 자신의 삶의 목적, 공부 목표를 적어보자.

IV

학습의 문을 열자

4회기. 정서 조절
-학습의 문을 열자-

1. 정서 조절 개요

기쁨과 즐거움, 분노와 슬픔의 감정을 나타내는 정서는 학습의 문지기 역할과 기억의 동반자 역할을 하므로 정서와 학습 능력의 관계는 매우 밀접하다고 할 수 있다. 즉 정서는 나와 타인의 감정 상태 뿐만 아니라 학습에 많은 영향을 준다.

정서가 학습에 중요한 이유는 답이 없는 문제 앞에서도 포기하지 않고 끝까지 해결해내는 정서의 조절 능력이 학습에 큰 영향을 주기 때문이다. 이는 정서를 조절하는 편도체와 기억을 담당하는 해마가 서로 인접해 있어 서로에게 영향을 주기 때문이다. 편도는 많은 정보 중 기분과 감정에 따라 정보의 기억되는 정도가 달라지기 때문에 즐겁고, 유쾌하게 공부를 할 때 흥미가 생기며 기억이 잘 되는 것이다.

감정 조절이 제대로 되어야만 이성적이고 적극적인 행동이 가능하다. 편도가 제 역할을 못하면 슬프거나 비참한 상황을 보아도 아무런 감정이 들지 않고 다른 사람의 감정을 제대로 이해하지 못하게 된다. 그리고 감정 상태에 따라 뇌의 혈류량이 차이가 나기 때문에 부정적인 생각이나 감정 상태일 때 보다 감사하고 즐거운 감정 상태일 때의 뇌의 혈류량이 훨씬 많다. 그러므로 정서를 조절하는 것은 학습에 있어서도 중요하다.

2. 프로그램 교수 ― 학습과정안

학습 주제	학습의 문을 열자~ 정서 조절			회기	4/10
학습 목표	• 정서와 학습의 관계 이해할 수 있다. • 뇌기반 정서 조절 방법 찾을 수 있다.			**자기주도적 학습원리**	정서 조절의 원리
				자기주도적 학습전략	학습정서 조절하기
수업 단계	**교수─학습활동 내용**	**모둠 구성**	**소요 시간**	**수업자료 및 유의점**	
준비	• 뇌와 몸의 감각을 깨우기 • 몸과 뇌의 감각을 깨우는 뇌체조		10분	㉔ 동영상 자료, 음악자료 ㉮ 편안한 분위기 조성	

계획	1. 학습정서의 뇌과학적 이해하기
	2. 정서가 학습에 중요한 이유
	3. 감정상태에 따른 뇌혈류량
	  이해하기
	4. 뇌기반 정서 조절 방법
	5. 나만의 정서 조절 방법 찾기
			20분	㉔ 활동지, 준비물
				㉮ 뇌기반 학습내용을 안
				  내하고 자신만의 방법
				  을 탐색해보게 한다.
				• 모둠별 활동시 시간 활
				  용을 잘할 수 있도록
				  지도한다.	

실행	1. 뇌체조를 통한신체 활성화하기
	  (공통)
	2. 감사하는 태도를 통한 긍정적
	  인 마음 갖기(뇌기반)
	  (A형) 감사일기, 감사의 말
	  (B형) 감사편지, 감사엽서 쓰기
	  (C형) 감사 톡, 감사스티커
	  (D형) 감사영상, 감사노래
	3. 명상하기를 통한 의식 성장하
	  기(뇌기반)
		A형
		B형
		개별
		학습
			40분	[교사의 역할]
				• 구조화되지 않은 과제
				  제시
				• 설명, 지시 배제
				• 개별성, 독자성 인정
				  주기적인 행동 및 내용
				  점검	

		C형 D형		[교사의 역할] • 문제해결 전략 제시	

	(A형) 소리집중 명상
	(B형) 낱말집중 명상
	(C형) 이미지집중 명상
	(D형) 순간집중 명상
		모둠
		학습
				• 과제 구조화 강화 및
				  도움
				• 감정적인 지원, 전체 적
				  인 흐름, 맥락 파악

정리	• 개별, 모둠별로 결과 발표하기
	 – 각자의 결과물 벽에 게시,
	   원하는 사람 발표하기
	• 더 알고 싶은 점, 궁금한 점
	  질문하고 답하기
	• 느낌 나누고 소감문 작성하기
			30분	㉮ 시간 안배를 잘하여
				발표 시간 조절을 잘한다.

활동자료―뇌기반 정서 조절 감사하기

☆ 활동 목표

- 정서와 학습의 관계를 이해하고 정서 조절의 중요성을 알 수 있다.
- 뇌기반 정서 조절 방법으로 감사하기를 실천할 수 있다.

☆ 준비물

- ppt 자료, 음악(뇌크레이션 음악), 편지지, 엽서, 활동지

☆ 활동 내용

다음은 뇌기반 정서 조절 감사하기 방법이다.

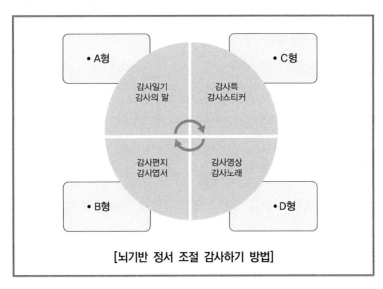

[뇌기반 정서 조절 감사하기 방법]

① A형은 고마운 사람이나 일에 대해 감사일기를 쓰거나 감사의 말을 전한다.
② B형은 감사하는 마음을 감사편지를 쓰거나 감사엽서 쓰기를 한다.
③ C형은 감사하는 마음을 감사 톡, 감사스티커로 전한다.
④ D형은 감사하는 마음을 감사영상이나 감사노래로 전한다.
⑤ A형과 B형은 스스로 피드백을 하며 진행하게 하고, C형과 D형은 모둠끼리 서로 피드백하며 진행한다.
⑥ 전체적으로 나누고 싶은 사람은 단톡에 남겨서 서로를 격려하고 칭찬해 주면서 진행한다.
⑦ 감사하는 마음을 표현할 때 감사한 것에 대해 세 가지 이상 표현하고 무엇이 왜 감사한지를 구체적이고 긍정문으로 쓰게 한다.
⑧ 감사하는 마음을 계속 가지게 되면 사소한 것조차 소중하게 여기고 시간이 지날수록 긍정적이고 마음이 행복감으로 충만하게 변해간다.

☆ 지도상의 유의점

◆ 뇌기반 감사하기 방법을 안내하고 유형대로 선택하여 자신만의 방법을 탐색해보게 한다.

◆ 감사하기 활동을 한 후 일상에서도 계속 할 수 있도록 격려한다.

◆ 뇌기반 활동 방법을 찾거나 자신만의 방법을 선택하도록 안내한다.

◆ 긍정적인 언어 사용과 주변에 감사하는 태도를 표현하는 활동을 통해 긍정적이고 즐거운 감정 상태를 유지할 수 있도록 한다.

◆ 전체적으로 나누고 싶은 사람은 단체 톡에 남겨서 서로를 격려하고 칭찬해주면서 진행하며 주기적으로 피드백을 한다.

활동자료－뇌기반 정서 조절 명상하기

☆ 활동 목표

- 정서와 학습의 관계를 이해하고 정서 조절의 중요성을 알 수 있다.
- 뇌기반 정서 조절 방법으로 명상하기를 실천할 수 있다.

☆ 준비물

◆ 명상음악, ppt 자료, 활동지

☆ 활동 내용

① 명상에 집중할 수 있는 환경을 만들고 조용한 명상음악을 틀어놓는다.
② 명상음악으로 자기 사랑하기, 이완명상, 비전명상 등을 사용하고 우선 호흡명상을 다 같이 하고 뇌기반 명상을 진행한다.
③ A형은 소리집중 명상을 한다. 주변에서 나는 소리에 집중하는 명상으로, 새들의 소리, 나뭇잎이 부딪치는 소리, 계곡물소리, 폭포소리 등 자연의 소리에 집중하면서 명상한다. 소리의 음색과 다양한 높낮이, 리듬에 집중한다.
④ B형은 낱말집중 명상을 한다. 어떤 낱말이나 구절을 계속 반복해서 집중하는 것이다. 같은 낱말이나 구절을 소리내지 않고 반복하면서 호흡과 리듬을 맞춤으로써 마음에 주문을 건다. 예를 들어 사랑, 빛, 소망 등의 낱말이나 "모든 것이 잘 될거야", "모든 것을 사랑하고

싶다"등의 구절을 반복한다.

⑤ C형은 심상집중 명상을 한다. 어떤 사물이나 심상 등 시각적인 자극에 집중하는 명상이다. 아름다운 돌, 크리스탈, 촛불, 나무, 작은 그림 같은 것들을 선택하거나 마음에 떠올린다. 마음에 사물이나 그림을 떠올렸다면 눈을 감고 편안해질 때까지 집중하면서 명상한다.

⑥ D형은 순간집중 명상을 한다. 매순간을 그 자체로 인식하는데 집중하는 명상이다. 순간순간 내 주위에서 일어나는 일들, 머릿속의 생각들, 자신이 느끼는 감정들을 관찰한다. 자신이 경험한 순간을 떠올리고 호흡하면서 집중한다.

⑦ 짝 또는 모둠별로 명상을 진행하고 서로 공유하도록 한다. 교사는 순시를 하면서 주로 C형과 D형 학생들의 활동을 점검하고 격려해 준다.

⑧ 전체 활동 후 자신의 느낌을 발표하면서 소감을 나누고 언제나 실천할 수 있도록 서로에게 격려와 응원을 해주도록 한다.

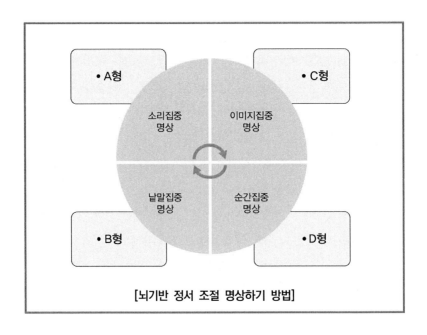

[뇌기반 정서 조절 명상하기 방법]

☆ 지도상의 유의점

◆ 뇌기반 명상 내용을 안내하고 유형대로 선택하여 자신만의 방법을 탐색해보게 한다.

◆ 명상하기 활동을 한 후 일상에서도 계속 할 수 있도록 격려한다.

◆ 명상에 집중할 수 있는 멘트를 하며 명상 분위기를 조성한다.

☆ 활동 소감

"자기 자신이나 다른 사람으로부터 받은 상처나 경험으로 인한 두려움이나 분노, 절망 등의 내적인 문제를 치유하고 용서하는 과정을 통해 내면을 건강한 마음으로 회복시키고, 나아가 감사일기 쓰기와 명상 등을 통해 삶을 대하는 태도가 달라졌으며 특히 감사하는 마음을 가지게 되었다."

"감사일기와 명상을 계속하면서 사소한 것에도 기쁨을 느끼고 감사하는 마음을 가지게 되었다."

"명상을 하면서 마음을 다스리고 매일 감사함을 느끼는 것이 도움이 되었다. 내가 무엇을 위해 살 수 있을지, 내가 왜 태어났는지에 대해 생각할 수 있는 계기가 되었고, 공부 방해요소를 찾고 이를 해결할 방법을 통해 자습 능력을 키우게 되었다."

☆ 자기치유를 통한 삶의 태도 변화

참가자들은 내면을 들여다보는 과정에서 자신의 상처와 스트레스를 치유하였으며, 명상과 감사하는 마음을 갖는 활동 등을 통해 자신의 소중한 내면의 가치를 깨닫고 자신과 주변을 대하는 삶의 태도가 변했음을 알 수 있었다.

활동지: 4회기—학습의 문을 열자 ~ 정서 조절

☆ 활동 개요

✐ 학습의 문지기 역할을 하는 정서란 무엇인지 이해하고, 정서를 조절하기 위한 나만의 방법을 찾아보자.

☆ 활동 내용

1. 정서란 무엇인가요?

2. 정서가 학습에 중요한 이유는 무엇인가요?

3. 나만의 정서 조절 방법을 찾아보세요.

  (1) 감사하는 마음 갖기

  * 지금 이순간 감사의 마음을 전하고 싶은 사람에게 감사함을 표현해 보세요.

  * 앞으로의 계획 세우기

  (2) 명상하기

  * 나만의 명상 방법으로 무엇이 좋을까요?

V

나만의 학습 나침반을 찾자

5회기. 학습전략
- 나만의 학습 나침반을 찾자 -

1. 학습전략 개요

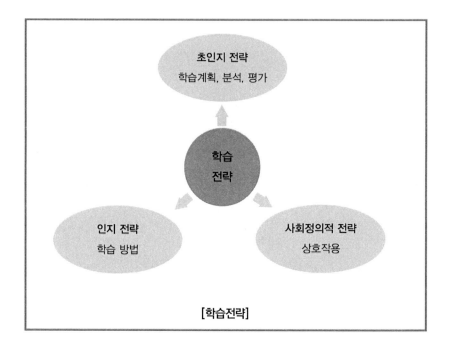

[학습전략]

학습전략에는 초인지 전략과 인지 전략, 사회정의적 전략이 있다. 초인지 전략에는 학습계획, 분석, 평가가 있고, 인지 전략에는 학습 방법, 사회정의적 전략에는 상호작용이 있다. 이 중 인지전략에 해당되는 학습 방법 즉 학습방법에 대해 집중적으로 다루었다.

2. 프로그램 교수―학습과정안

<table>
<tr><td>학습
주제</td><td colspan="2">나만의 학습 나침반을 찾자~
학습전략 찾기</td><td>회기</td><td>5/10</td></tr>
<tr><td rowspan="2">학습
목표</td><td rowspan="2" colspan="2">■ 뇌기반 학습전략을 찾을 수 있다.</td><td>자기주도적
학습원리</td><td>인지전략의
원리</td></tr>
<tr><td>자기주도적
학습전략</td><td>학습전략
탐색하기</td></tr>
<tr><td>수업
단계</td><td>교수―학습 활동 내용</td><td>모둠
구성</td><td>소요
시간</td><td colspan="2">수업자료 및 유의점</td></tr>
<tr><td>준비</td><td>• 뇌와 몸의 감각을 깨우기
• 몸과 뇌의 감각을 깨우는 뇌체조</td><td></td><td>10분</td><td colspan="2">㉜ 동영상 자료, 음악자료
㉤ 편안한 분위기 조성</td></tr>
<tr><td>계획</td><td>1. 학습전략에 대해 이해하기
  • 초인지 전략-학습계획, 분석,
    평가
  • 사회,정의적 전략-상호작용
  • 인지 전략-학습 방법
2. 뇌기반 학습전략 안내하기
3. 뇌기반 학습전략 계획하기</td><td></td><td>20분</td><td colspan="2">㉜ 활동지, 준비물
㉤ 뇌기반 학습내용을
  안내하고 유형대로
  선택하여 자신만의
  방법을 탐색해보게
  한다.
• 모둠별 활동시 시간
  활용을 잘할 수
  있도록 지도한다.</td></tr>
<tr><td>실행</td><td>1. 뇌기반 학습전략 찾기
(A형) 구조화된 강의법, 쓰기 및
말하기 녹음하기, 발표하기, 조사
보고서 저널 만들기, 편지쓰기, 인
강 듣기, 교과서 낭독, 스토리텔링
(B형) 마인드맵, 써클맵, PPT자료
프레지 만들기, 안내서 만들기
해설서 만들기, 개념정리노트
범주화, 구조화하기</td><td>A형
B형
개별
학습</td><td>40분</td><td colspan="2">[교사의 역할]
• 구조화되지 않은 과제
  제시
• 설명, 지시 배제
• 개별성, 독자성 인정
  주기적인 행동 및 내용
  점검</td></tr>
</table>

	2. 뇌기반 학습전략 실습하기 (C형) 토론과 대화, 실험하기 이미지스토리텔링, 개념카드 만들기, 브레인스토밍, 포스터 만들기, 웹툰 그리기, 협동화 그리기 (D형) 프로젝트 활동, 가르치기 개사송 만들기, 스피드, 초성 퀴즈 빙고 게임, 크로스 퍼즐, 동영상 제작 역할극, 역할놀이	C형 D형 모둠 학습	[교사의 역할] • 문제 해결 전략 제시 • 과제 구조화 강화 및 도움 • 감정적인 지원 전체적인 흐름, 맥락 파악

정리	• 개별, 모둠별로 결과 발표하기
	  – 각자의 결과물 벽에 게시,
	    원하는 사람 발표하기
	• 더 알고 싶은 점, 궁금한 점
	  질문하고 답하기
	• 느낌 나누고 소감문 작성하기
		30분	㉦ 시간 안배를 잘하여 발표 시간 조절을 잘한다.

☆ 활동 목표

- 뇌기반 학습전략을 찾을 수 있다.

☆ 준비물

◆ ppt 자료, 활동지

☆ 활동 내용

학생들은 지구 공전을 배울 때 다양한 방법으로 이해하고 학습한다. 어떤 학생들은 이미지 자체로 해석하고 어떤 학생들은 계절별 남중고도 구하는 공식으로 이해하며, 자전공전송으로 더 잘 이해하는 학생들도 있고, 자전공전에 관한 자작시를 지어서 이해하는 학생들도 있다.

① 뇌기반 학습전략을 제시하고 자신만의 공부 방법을 찾고 좀 더 자신의 두뇌 특성에 맞는 이해 방법을 찾도록 한다.

② 자신에게 맞는 학습 방법을 찾으면서 직접 시도해보고 도움이 되었던 방법을 반복해서 적용해보도록 한다.

③ A형은 구조화된 강의법, 쓰기 및 말하기, 녹음하기, 발표하기, 조사보고서, 신문기사, 저널쓰기, 편지쓰기, 인강듣기, 교과서 낭독, 스토리텔링 등의 학습전략을 제시한다.

④ B형은 마인드맵, 써클맵, PPT자료 만들기, 프레지 만들기, 안내서

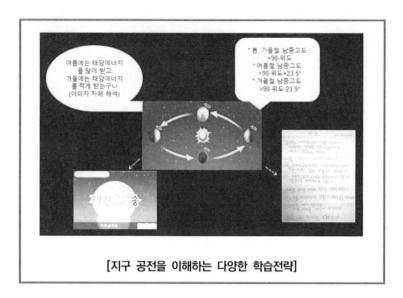

[지구 공전을 이해하는 다양한 학습전략]

만들기, 해설서 만들기, 개념정리노트, 범주화, 구조화하기 등의 학습전략을 제시한다.

⑤ C형은 토론과 대화, 실험하기, 이미지스토리텔링, 개념카드, 브레인스토밍, 포스터 만들기, 웹툰 그리기, 협동화 그리기 등의 학습전략을 제시한다.

⑥ D형은 프로젝트 활동, 가르치기, 개사송 만들기, 스피드 퀴즈, 초성퀴즈, 빙고 게임, 크로스 퍼즐, 동영상 제작, 역할극, 역할놀이 등의 학습전략을 제시한다.

⑦ 짝 또는 모둠별로 학습전략을 완성하고 서로 공유하도록 한다. 교사는 순시를 하면서 주로 C형과 D형 학생들의 활동을 점검하고 격려해 준다.

⑧ 전체 활동 후 자신의 학습전략을 발표하면서 소감을 나누고 언제나 실천할 수 있도록 서로에게 격려와 응원을 해주도록 한다.

[뇌기반 학습전략]

A형	<ul><li>구조화된 강의법</li><li>쓰기 및 말하기</li><li>녹음하기, 발표하기</li><li>조사보고서</li><li>신문기사, 저널쓰기</li><li>편지쓰기, 인강듣기</li><li>교과서 낭독</li><li>스토리텔링</li></ul>	B형	<ul><li>마인드맵</li><li>써클맵</li><li>PPT자료 만들기</li><li>프레지 만들기</li><li>안내서 만들기</li><li>해설서 만들기</li><li>개념정리노트</li><li>범주화, 구조화하기</li></ul>
C형	<ul><li>토론과 대화</li><li>실험하기</li><li>이미지스토리텔링</li><li>개념카드</li><li>브레인스토밍</li><li>포스터 만들기</li><li>웹툰 그리기</li><li>협동화 그리기</li></ul>	D형	<ul><li>프로젝트 활동</li><li>가르치기</li><li>개사송 만들기</li><li>스피드 퀴즈</li><li>초성 퀴즈, 빙고 게임</li><li>크로스 퍼즐</li><li>동영상 제작</li><li>역할극, 역할놀이</li></ul>

☆ 지도상의 유의점

◆ 뇌기반 학습전략을 안내하고 유형대로 선택하여 자신만의 방법을 탐색해보게 한다.

◆ 뇌기반 활동 방법을 찾거나 자신만의 방법을 선택하도록 안내한다.

◆ A형과 B형은 독자성을 인정하여 개별 수업으로 진행하고 A형은 주로 쓰거나 말하기, 듣기나 스토리텔링 등으로 진행하며, B형은 구조화 범주화 할 수 있는 방법으로 진행한다.

◆ C형과 D형은 모둠수업으로 진행하고 문제해결 전략과 강화 및 도움을 적극적으로 하며 주기적인 지원을 한다. C형은 시각화나 그리는 방법으로, D형은 활동 위주의 방법으로 진행한다.

◆ 자신만의 학습전략을 찾기 위해 여러 전략들을 시도해보고 가장 최
  상의 전략을 찾도록 한다.

☆ **활동 모습**

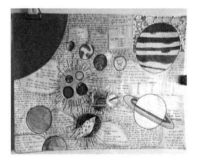

☆ 활동 소감

"지루한 강의식 수업보다 관련 개념을 조끼리 스스로 정리하고 아는 것을 마인드맵으로 요약하여 노래나 연극을 만드는 활동이 더 좋았습니다. 같은 조원 친구들도 저랑 성향이 비슷한 것 같아서 마음도 잘 맞고 얘기도 잘 통해서 수업 시간 내내 즐거웠고, 그 덕에 과탐 과목 중에서도 좋아하는 과목이 있고 싫어하는 과목이 있음에도 그동안 진행되었던 10시간 모두 뿌듯하고 만족스러운 결과를 낼 수 있었습니다."

"과학을 잘 못한다고 생각했던 내가 문제를 해결하는데 있어서 모둠원들과 창의적으로 활동하며 뿌듯하게 느끼던 그 시간들이 너무 보람차고 뿌듯하다. 비록 10시간의 기억이었을지 몰라도 나아가 이런 수업방식이 여러 사람들에게 활용되어 항상 이런 식으로 내게 어려운 학습을 접했으면 좋겠다고 생각했다."

"처음에는 계속하여 정보를 찾아서 정리를 하는 과정을 하여서 그림을 그리거나 노래를 만드는 팀들이 부러웠는데, 수업이 진행되면 될수록 나와 잘 맞는 수업방식인것 같다고 느꼈다."

"평소 노래 만드는 것이나 노래를 듣는 것을 좋아하기 때문에 노래를 개사하는 활동을 할 때 학습에 대한 자료를 분석, 완성하고 타인에게 발표를 하는 것에 즐거움을 느꼈다. 또한 그냥 암기식으로 머리에 집어넣는 것보다 훨씬 더 많은 자료가 머리에 남았다."

"지루한 강의식 수업보다 관련 개념을 조끼리 스스로 정리하고 아는 것을 마인드맵으로 요약하여 노래나 연극을 만드는 활동이 더 좋았습니다. 같은 조원 친구들도 저랑 성향이 비슷한 것 같아서 마음도 잘 맞고 얘기도 잘 통해서 수업 시간 내내 즐거웠고, 그 덕에 과탐 과목 중에서도 좋아하는 과목이 있고 싫어하는 과목이 있음에도 그동안 진행되었던 10시간 모두 뿌듯하고 만족스러운 결과를 낼 수 있었습니다."

"유형별로 나누어 다양한 방법으로 같은 주제인 내용을 진행하니까 신기하기도 하였고, 무엇보다 나에게 제일 적합한 방법으로 수업을 하니 머릿속에 더 오래 기억되고 수업이 지루하지 않게 되었다."

"평상시에 하던 수업보다 수업에 몰입도가 더 높았고 활동적인 수업을 하니까 그날 배운내용이 기억에 더 오래 남아서 두뇌 유형별 수업에 매우 만족한다."

"나의 두뇌유형에게 제안되는 방식인 만화그리기로 생명과학 내용 중 일차감염에 대해 학습하게 되었는데 아직까지도 생생히 기억이 난다."

"여러 문제들을 만화 또는 그림으로 표현을 하면서 평소에 강의나 문제집을 통하여 공부하던 것보다 더 쉽게 받아들일 수 있었고 혼자하는 것보다 모둠 활동을 통해서 하니깐 부담감도 덜 하고 재미있게 활동을 수행할 수 있어 만족한다."

"수업 내용을 구조화하는 것을 많이 했는데 전보다 내용들을 표로 잘 정리할 수 있게 되고 나중에 노트정리할 공부한 내용을 마인드맵 등과 같은 방법인 구조화하거나 도식화하는 것이 공부하는 데에 효과적일 것을 알게 해주었다."

☆ 뇌기반 학습전략을 통한 학습동기 유발

학생들은 자신의 학습유형에 따라 학습방법을 달리함으로써 학습수행 능력이 향상되었으며, 어려운 교과에 대해서도 흥미를 느끼는 등 긍정적인 학습태도가 나타났다. 특히 이러한 학습태도는 자기주도적 학습과 밀접한 관련성이 있는 것으로 어떤 행동이나 학습활동을 하는 데에 있어 강력한 영향력을 주어 효율적인 학습이 이루어진 것으로 보여진다.

☆ 활동 개요

✎ 자신의 두뇌유형에 맞는 나만의 학습전략을 찾고 적용해보자.

☆ 활동 내용

1. 학습전략이란 무엇인가요?

2. 개인마다 학습 방법이 다른 이유는 무엇일까요?

3. 나의 두뇌유형에 맞는 학습 방법으로 무엇이 좋을까요?

4. 뇌기반 학습 방법 실습

  (1) 자신만의 방법으로 학습한 후 기억나는 단어들을 적어보세요.

  (2) 자신의 두뇌유형에 맞는 방법으로 학습한 후 기억나는 단어들을 적어보세요.

VI

학습의 세 바퀴를
끼우자

6회기. 기억력, 집중력, 메타인지
- 학습의 세 바퀴를 끼우자 -

1. 학습의 3요소-기억력, 집중력, 메타인지

다음 그림과 같이 학습에 있어서 가장 중요한 기억력, 집중력, 메타인지를 학습의 3요소로 구성하고 향상시킬 수 있는 전략을 뇌기반으로 찾도록 하였다.

기억에 있어서는 청킹(chunking) 단위로 하는 것이 유리하다. 청킹은 기억대상이 되는 자극이나 정보를 서로 의미 있게 연결시키거나 묶어서 기억하는 것으로, 청킹 단위는 7±2로 최소 5개부터 최대 9개 정도의 단어를 기억하는 것이 좋다. 그리고 교차효과에 의해 1시간 단위로 학습한 후 휴식을 취하고 다른 과목을 학습하는 것이 효율적이다.

집중력은 평소에 명상을 통해 심신의 안정을 가지며 생활 속에서 기를 수 있도록 하였다.

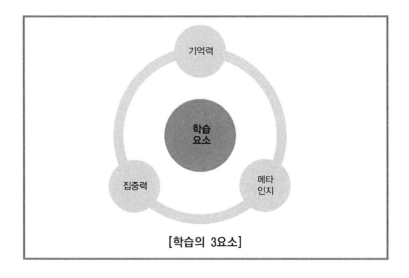

[학습의 3요소]

메타인지는 내가 인지하고 있음을 아는 것, 즉 알고 있는지 모르고 있는지를 아는 것이다. 자신이 직접 설명할 수 없는 지식은 내가 알고 있는 것이 아니며 직접 말로 설명할 수 있어야, 제대로 이해하고 알고 있는 지식이라고 할 수 있다. 공부를 잘하는 학생들은 자신이 공부한 내용을 정확히 알고 있는지를 확인하기 위해 자신만의 방법으로 설명하면서 공부한다. 따라서 메타인지를 향상시키기 위해 자신만의 학습전략을 세우고, 자신의 실력을 객관적으로 확인할 수 있는지를 스스로 끊임없이 조절하고 반성하도록 한다.

2. 프로그램 교수 — 학습과정안

학습 주제	학습의 세 바퀴를 끼우자~			회기	6/10
학습 목표	■ 기억력, 집중력, 메타인지를 이해할 수 있다. ■ 뇌기반 기억력, 집중력, 메타인지 전략을 　찾을 수 있다.			자기주도적 학습원리	인지전략의 원리
				자기주도적 학습전략	학습요소 향상하기
수업 단계	교수—학습 활동 내용	모둠 구성	소요 시간	수업자료 및 유의점	
준비	• 뇌와 몸의 감각을 깨우기 • 몸과 뇌의 감각을 깨우는 뇌체조		10분	㉾ 동영상 자료, 　음악자료 ㉾ 편안한 분위기 조성	
계획	1. 기억력, 집중력, 메타인지란? 2. 주의 사이클, 24시간 주기 리듬을 　활용한 집중력 향상법 3. 기억력, 집중력, 메타인지와 학습의 　관계 4. 기억력 향상법 이해하기 5. 집중력 향상법 이해하기 6. 메타인지 향상법 이해하기		20분	㉾ 활동지, 준비물 ㉾ 뇌기반 학습내용을 　안내하고 유형대로 　선택하여 자신만의 　방법을 탐색해보게 　한다. ㉾ 모둠별 활동시 시간 　활용을 잘할 수 있도 　록 지도한다.	
실행	1. 뇌기반 기억력, 암기 전략 찾기 　(A형) 소리 암기, 교과서 암기, 　　　　스토리텔링암기 　(B형) 구조화 암기, 암기 노트 　(C형) 이미지 암기, 연상 암기 　(D형) 노래 개사 암기, 가르치기	A형 B형 개별 학습	40분	[교사의 역할] • 구조화되지 않은 과제 　제시 • 설명, 지시 배제 • 개별성, 독자성 인정 　주기적인 행동 및 내 　용 점검	

	2. 뇌기반 암기 전략 실습하기	C형 D형 모둠 학습		[교사의 역할] • 문제해결 전략 제시 • 과제 구조화 강화 및 도움 • 감정적인 지원 전체적인 흐름, 맥락 파악
정리	• 개별, 모둠별로 결과 발표하기 – 각자의 결과물 벽에 게시, 원하는 사람 발표하기 • 더 알고 싶은 점, 궁금한 점 질문하고 답하기 • 느낌 나누고 소감문 작성하기		30분	㉮ 시간 안배를 잘하여 발표 시간 조절을 잘한다.

1. 집중력 향상 전략

가. 집중력을 높이는 방법

1) 공부하는 자세를 바로 한다.

공부하는데 집중력을 높이기 위해서는 바른 자세로 앉아서 하는 것이 좋다. 눕거나 엎드리는 등 자세가 안 좋으면 당연히 집중력이 떨어지게 된다. 그만큼 바른 자세로 의자에 앉아 있기 위해 올바른 의자 선택도 중요하다.

2) 잠을 잘 자야 한다.

잠을 제대로 자지 못하면 뇌의 활동이 활발하게 활동하지 못해 졸음만 올 뿐 제대로 집중력을 발휘하지 못한다. 잠을 잘 때도 올바른 자세와 숙면을 취해야 한다.

3) 집중할 수 있는 시간을 정한다.

공부에 집중하기 위해서는 먼저 외부의 방해를 받지 않거나 자신의 신체리듬과 맞는 일정한 시간을 정해 놓아야 한다. 스스로 아침형 인간인지, 저녁형 인간인지 파악하여 학습한다.

4) 학습장소를 바꿔본다.

매일 집에서 공부하다 집중이 안되면 학습장소를 도서관 같은 곳으로 바꾸는 것은 긴장감을 주어서 공부에 집중할 수 있게 해준다. 도서관은 조용한 분위기를 유지하고, 공부하는 사람들이 많기 때문에 적당한 경쟁심이 생겨 주의집중하기에 더없이 좋은 환경이다.

5) 앞쪽에 앉는다.

앞쪽에 앉을수록 주변에 신경을 쓰지 않을 수 있어서 수업에 집중하기 좋다. 뿐만 아니라 선생님들과 의사소통할 수 있는 시간이 많아지고 친분을 갖기가 쉬워 공부가 즐거워지게 된다. 통계적으로 앞쪽에 앉은 학생일수록 성적이 높다.

6) 수업 시작하기 전 5분 먼저 앉고 수업 종료 후 5분 뒤에 일어난다.

공부에 집중학기 위해서는 수업시간 5분 전에 착석하여 그날 배울 내용들을 개략적으로 예습을 한다. 수업이 끝나면 바로 일어나지 말고 노트를 중심으로 그날 학습한 내용을 정리해본다. 기억이 관한 연구에 따르면 수업 직후 10분간의 복습이 나중에 하는 10시간의 학습효과와 동일하다고 한다.

7) 궁금하면 바로 질문한다.

수업 중에 궁금증을 남기면 공부할 때 머리 속에서 궁금증이 떠나지 않아 공부하는데 방해가 될 수 있다. 따라서 궁금한 것이 있으면 바로 질문하여 답변을 들으면 바로 문제를 해결할 수 있을 뿐만 아니라 알고 싶었던 것이기 때문에 기억에도 오래 남는다.

2. 기억력 향상 전략

뇌는 같은 일이나 상황을 반복해서 경험하는 것을 가장 싫어한다. 따라서, 이해하지 않고 무조건 암기하는 것은 매우 어려운 과정이고 암기했더라고 금방 망각하기 쉽다. 즉, 단순한 기호를 암기하는 것은 의미를 가진 내용을 암기하는 것보다 훨씬 어려워서 회상할 가능성도 낮다.

특히, 기억력을 향상시키기 위해서는 다음과 같은 방법을 적용할 필요가 있다.

[기억력 향상 방법]

구분	특징
중요한 정보와 중요하지 않은 정보 구분하기	• 중요하지 않은 정보는 기계적인 암기학습 필요 • 중요한 정보는 이전의 지식과 관련지어 이해 중심의 정교화된 암기학습 필요
정서를 활용한 기억하기	• 정서적으로 중요하다고 느낀 정보는 오래 기억 • 감정의 뇌인 편도체에 의해 기억 중추에 해당하는 해마를 자극함으로써 잘 기억함
심상을 활용한 기억하기	• 시각적인 심상을 활용한 정보 저장 및 인출

☆ 활동 목표

- 기억력, 집중력, 메타인지를 이해할 수 있다.
- 뇌기반 암기전략을 찾을 수 있다.

☆ 준비물

◆ ppt 자료, 음악(뇌체조 음악), 활동지

☆ 활동 내용

① 두뇌유형에 맞는 암기전략을 제시하고 자신만의 암기 방법을 찾고 좀 더 자신의 두뇌 특성에 맞는 암기 방법을 찾도록 한다.

② 자신에게 맞는 암기 방법을 찾으면서 직접 시도해보고 도움이 되었던 방법을 반복해서 적용해 보도록 한다.

③ A형의 소리 암기는 소리를 내면서 암기하는 방법으로 청각에 예민한 A형에 적당하며, 스토리텔링 암기는 암기할 내용을 스토리로 엮어서 하는 것이며, 교과서 암기는 교과서를 통째로 암기하는 것이다.

④ B형의 구조화 암기는 암기할 내용을 구조화하여 하며, 노트필기를 잘하는 B형이므로 암기노트를 만들어 암기를 한다.

⑤ C형의 이미지 암기는 시각 정보에 예민하므로 암기할 내용을 이미지화하여 암기하는 것이고 연상 암기는 암기할 내용을 떠올릴 수 있

는 것을 설정하여 암기한다. 브레인스크린은 암기할 내용을 뇌에 스크린을 만들어 통째로 저장하여 암기한다.

⑥ D형의 노래개사 암기는 암기할 내용을 노래 가사로 만들어 하고 가르치기와 액션 설명은 친구들끼리 서로에게 가르치는 동작을 하면서 암기하는 것이다.

⑦ 짝 또는 모둠별로 학습전략을 완성하고 서로 공유하도록 한다. 교사는 순시를 하면서 주로 C형과 D형 학생들의 활동을 점검하고 격려해 준다.

⑧ 전체 활동 후 자신의 학습전략을 발표하면서 소감을 나누고 언제나 실천할 수 있도록 서로에게 격려와 응원을 해주도록 한다.

다음은 뇌기반 암기 전략이다.

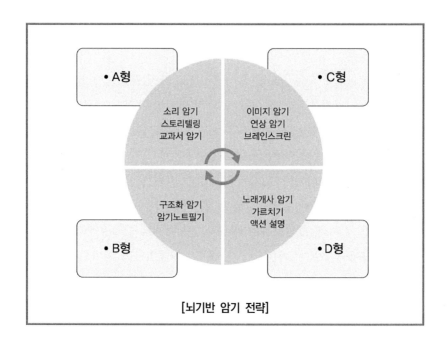

[뇌기반 암기 전략]

☆ 지도상의 유의점

◆ 뇌기반 암기 전략을 안내하고 유형대로 선택하여 자신만의 방법을 탐색해보게 한다.

◆ 뇌기반 활동 방법을 찾거나 자신만의 방법을 선택하도록 안내한다.

◆ [교사의 역할] A형과 B형은 독자성을 인정하여 개별 수업으로 진행하고 과제를 제시할 때에도 설명과 지시를 최대한 배제하며, 중간중간에 행동 및 진행 내용을 점검한다.

◆ C형과 D형은 모둠 수업으로 진행하고 문제해결 전략과 과제 구조화 강화 및 도움을 적극적으로 하며 주기적인 감정적인 지원을 하여 전체적인 흐름, 맥락을 파악하여 피드백을 한다.

☆ 활동 소감

"유형별로 나누어 다양한 방법으로 같은 주제인 내용을 진행하니까 신기하기도 하였고, 무엇보다 나에게 제일 적합한 방법으로 수업을 하니 머릿속에 더 오래 기억되고 수업이 지루하지 않게 되었다."

"암기법 학습 능력을 향상시키는 활동에서 다양한 암기법을 시도하여 나에게 가장 알맞은 방법을 찾을 수 있었다.'"

"메타인지의 중요성과 반복학습의 중요성을 알게 되었다. 체계적으로 계획하고 노트정리도 깔끔하게 할 수 있게 되었다."

☆ 뇌기반 맞춤형 복습방법 탐색

참가자들은 두뇌유형에 맞게 복습하는 새로운 활동과 내용을 체험을 통해 알아보았고, 자신에게 맞는 맞춤형 복습방법과 학습방법을 탐색하고 공부에 대해 조금은 다른 시각으로 보고 공부하는 습관을 다지는 계기가 되었다.

활동지: 6회기—학습의 세 바퀴를 키우자~

☆ 활동 개요

✎ 자신의 두뇌유형에 맞는 나만의 학습전략을 찾고 적용해보자.

☆ 활동 내용

1. 학습의 세 바퀴란 무엇인가요?

2. 나만의 기억력 향상법을 찾아보자.

3. 나만의 집중력 향상법을 찾아보자.

4. 나만의 메타인지 향상법을 찾아보자.

VII

나만의 학습 스케줄을 짜자

7회기. 학습 계획
- 나만의 학습 스케줄을 짜자 -

1. 학습계획 개요

시간은 과거에서 현재를 거쳐 미래로 이어지는 크고 작은 사건들의 연속적인 체계이다. 시간은 한정되어 있고 항상 흘러가고 있으며 한번 지나가면 돌아오지 않는다. 그러므로 자기 자신을 관리하고 나의 삶을 컨트롤하려면 시간을 잘 계획하고 관리하여야 한다.

자신의 시간 사용과 시간에 대한 의미부여에 대해 충분히 생각하고 고민한 후 계획을 세워야 한다. '나에게 시간은 어떤 의미인지', '나에게 시간이 얼마나 남아있는지', '나는 시간을 어떻게 사용하는지' 등에 관해 충분히 생각해봐야 한다.

보통 사람들은 계획을 세우는데 시간이 많이 걸린다고 생각하는데 계획을 세우는데 걸리는 시간은 주어진 전체 시간의 1% 정도밖에 되지 않는다. 학습할 때 미리 계획을 세워서 하면 전체적인 학습시간에 걸리는 시간을 절약할 수 있으므로 오히려 학습에 필요한 시간을 늘릴 수 있게 된다.

2. 프로그램 교수―학습과정안

학습 주제	나만의 학습 스케줄을 짜자 - 학습계획			회기	7/10
학습 목표	• 학습계획의 필요성을 이해할 수 있다. • 뇌기반 학습계획을 세울 수 있다.			자기주도적 학습원리	환경관리의 원리
				자기주도적 학습전략	학습시간 관리하기
수업 단계	교수―학습 활동 내용	모둠 구성	소요 시간	수업자료 및 유의점	
준비	• 뇌와 몸의 감각을 깨우기 • 몸과 뇌의 감각을 깨우는 뇌체조		10분	㉘ 동영상, 음악자료 ㉤ 편안한 분위기 조성	

계획	1. 학습계획을 세워야 하는 이유
	2. 초두-최신 효과, 학습의 최적 시간
	  을 활용한 학습 시간 관리법
	3. 뇌기반 학습계획 계획하기
			20분	㉘ 활동지, 준비물
				㉤ 뇌기반 학습내용을
				  안내하고 유형대로
				  선택하여 자신만의
				  방법을 탐색해보게
				  한다.	

실행	1. 뇌기반 학습계획 세우기
	  (A형) (B형) 장기계획, 월간계획
	  연간계획, 세부계획, 개별계획
	  (C형) (D형) 단기계획, 일일계획
	  주간계획, 상호작용 포함
	2. 자신만의 방법으로 학습계획 세우기
		A형
		B형
		개별
		학습
			40분	[교사의 역할]
				• 구조화되지 않은
				  과제 제시
				• 설명, 지시 배제
				• 개별성, 독자성 인정
				  주기적인 행동 및
				  내용 점검	

		C형 D형 모둠 학습		[교사의 역할] • 문제 해결 전략 제시 • 과제 구조화 강화 • 감정적인 지원 전체적인 흐름, 파악	

정리	• 개별, 모둠별로 결과 발표하기
	 – 각자의 결과물 벽에 게시,
	   원하는 사람 발표하기
	• 더 알고 싶은 점, 궁금한 점
	  질문하고 답하기
	• 느낌 나누고 소감문 작성하기
		30분	㉴ 시간 안배를 잘하여
			  발표 시간 조절을
			  잘한다.

1. 학습계획 세우기

자기주도적 학습은 계획과 실천, 점검, 계획의 수정, 실천, 점검 그리고 또다시 계획의 수정, 실천, 점검의 무한 반복이다. 따라서 자기주도적 학습의 첫발은 공부 계획에서 시작된다. 계획을 세우기 위해 책상 앞에 앉는 순간, 자기주도적 학습이 시작되는 것이다. 나에게 꼭 맞는 제대로 된 계획을 세우는 것은 앞으로 진행된 자기주도적 학습에서 매우 중요하다.

가. 1년 계획, 월간 계획, 주간 계획, 일일 계획

공부 계획에는 네 종류가 있다. 1년 계획, 월간 계획, 주간 계획 그리고 일일 계획이다. 먼저 1년 계획을 세워야 한다. 1년 계획은 학습 목표와도 연결돼 있다. 현재 성적을 바탕으로 전체 성적을 어느 정도 끌어올릴까를 결정해야 한다. 목표는 등수로 정해도 되고, 점수로 결정해도 된다. 1년 단위의 목표를 결정하면 월간 계획은 그에 따라 정해진다.

월간 계획은 크게 두 종류로 나눠진다. 중간고사, 기말고사가 있는 경우 시험계획이 추가되는 월간 계획이 세워질 것이고, 시험이 없는 달은 일반 공부 계획을 토대로 과목과 시간의 적절한 배분으로 이뤄진다. 일일계획은 주간계획을 토대로 하루하루 얼마나 공부할 것인지 정하면 된다.

나. 공부시간, 공부할 과목, 공부할 양 정하기

공부계획의 기본은 공부할 시간과 공부할 양을 정하는 일이다. 공부시간을 계산하기 위해서는 먼저 나의 하루 생활을 면밀하게 검토해봐야 한다.

학교 수업 전의 아침 시간과 학교 수업이 끝난 오후 4시에서 자정까지 8시간 정도의 시간이 활용할 수 있는 시간이다.

일일 공부시간이 나오면 다음은 과목을 배치한다. 과목을 배치하면 공부의 양을 정할 수 있다. 언어 · 수학 · 영어와 같은 중요 과목을 제외한 다른 과목에 대해서는 주간 단위 공부를 하는 경우가 많다. 따라서 일일 계획을 짜는 일은 주간 계획을 짜는 것과 동시에 진행될 수 밖에 없다.

과목을 배치하고 나면 그 과목을 어떻게 공부할지 생각해봐야 한다. 공부계획이 치밀한가, 허술한가의 차이는 여기서 판가름난다. 단순히 '교과서 읽기', '문제집 풀기' 정도로만 계획을 세운다면 이것은 공부계획이 아니다. 보다 구체적이고 실천 가능한 계획을 세우기 위해서는 먼저 자신의 학습능력을 점검해봐야 한다. 학습능력을 점검하면 공부를 하루에 얼마나 할 수 있는지 알게 된다. 집중력이 얼마나 되는지도 따져볼 수 있다. 내 공부의 취약점이 무엇인지도 살펴볼 수 있다. 자기주도적 학습에서 가장 필요하고 중요한 기초 데이터가 바로 이 학습능력이다. 따라서 철저하게 학습능력을 계산해봐야 한다(학습능력 계산법 Tip 참고).

2. 학습능력 계산법

가. 3단계로 나누어 1시간 학습량 측정

1단계: 국어, 수학, 영어 문제집을 스톱워치로 시간을 재면서 10분 단위로 잘라서 문제를 푼다. 예를 들어 국어 10분에 지문 3개, 수학 10분에 문제 10개, 영어 10분에 지문 2개 등의 방식으로 측정해서 1시간에 문제를 몇 개 풀었는지 계산한다.

2단계: 정답을 맞춰본 후, 틀린 문제만 모아 다시 10분 단위로 시간을 재면서 풀어본다. 어려워서 10분 동안 한 문제도 못 풀었으면 '0'으로 처리한다.

3단계: 두 번째 정답을 맞춰본 후, 틀린 문제를 다시 풀어보는데 여전히 정답을 찾지 못하는 문제에 대해서는 해답지와 교과서, 참고서 등을 이용해 개념을 다시 공부하며 10분 동안 얼마나 문제를 풀어내는지 계산한다.

나. 과목별로 10분 단위 학습량의 1시간 평균치 계산

1~3단계 각 단계마다 공부한 양에 차이가 날 것이다. 우선 단계별로 10분씩 측정한 공부의 양을 토대로 1시간 평균치를 계산하고, 이런 방식으로 3일 연속 공부한 양을 계산한다. 공부는 컨디션과 집중도에 따라 그 양이 달라질 수 있으므로 평균 학습 능력을 좀 더 자세히 파악하기 위해서는 최소한 3일간의 공부 데이터가 필요하다. 3일치 공부 데이터를 토대로 과목별 평균치를 계산한다. 이렇게 계산한 자신의 학습능력은 학습계획을 세우는데 중요한 기초자료가 된다.

다. 집중력 계산하기

3일 동안 테스트 과정에서 집중력도 함께 파악한다. 처음 10분의 학습량이 여섯 번째 10분과 큰 차이 없이 지속된다면 나의 집중도는 1시간이라고 봐도 무방하다. 그러나 큰 차이를 보인다면 몇 번째 10분에서 차이가 나는지 살펴봐야 한다. 문제를 풀어내는 양이 현격하게 떨어지는 그 지점이 집중할 수 있는 마지노선이 될 것이다. 집중력은 과목별, 학습단계별로 차이를 보이므로 이에 따라 공부시간을 따로 설정할 필요가 있다.

3. 계획표 작성시 주의사항

가) 계획표는 나만의 스타일로 만든다.

계획표는 내가 보기 편하고, 쓰기 편하고, 이용하기 편리하면 된다. 직접 만들어도 좋고 시중에서 팔고 있는 플래너를 구입해서 사용해도 좋다. 계획표는 양식이 중요한 것이 아니라 그 내용이 중요하다.

나) 계획표에는 점검하고 반성하는 코너를 삽입한다.

계획표에는 공부시간, 공부할 과목, 공부할 분량과 더불어 계획을 제대로 실천했는지 점검하는 코너가 있어야 한다. 점검은 보통 0~100으로 환산해서 실천 정도를 기록하는 것이 좋다. 또한 일일 계획표와 마지막에는 계획을 제대로 지키지 못했을 경우 반성 멘트를 기록할 수 있도록 한다. 반성은 똑같은 잘못을 막아주고 공부의욕을 북돋아주는 중요한 도구이다.

다) 계획표는 절대 불변의 지침서가 아니다. 변경을 두려워하지 말자.

시간과 정성을 들여 멋진 계획표를 만들어 놓고 계획표가 변경되는 것을 두려워하는 학생들이 있다. 계획표는 변경되기 위해 존재한다. 매 시간 계획에 맞춰 공부를 하고, 결과를 기록하고, 부족한 부분을 점검하고, 다음 시간에 어떤 공부를 할 것인지 들여다보면서 수정을 거치면서 너덜너덜해지는 것이 좋다.

라) 모든 계획표는 버리지 말고 모아둔다.

이미 사용한 계획표를 폐기 처분하는 경우가 종종 있다. 계획표는 차곡차곡 모아두어야 할 자료이다. 예상한 만큼 성적이 나오지 않았을 때, 자꾸만 계획이 지켜지지 않을 때 나의 문제점을 계획표를 통해 점검해 볼 수 있기 때문이다. 자기주도적 학습에 있어서 계획표는 공부의 나침반이다.

마) 작게 시작해서 크게 키워라.

공부 올인 스타일의 무리한 계획은 하루 이상 가지 못한다. 지킬 수 없는 계획인 줄 뻔히 알면서 무리하게 계획표를 만들어 놓고 흐뭇해하는 어리석은 짓을 해서는 안 된다. 처음에는 소심한 계획표를 짜고 하루 이틀 진행하면서 차차 공부 시간을 늘려나가자.

바) 계획표를 사랑하라.

처음에는 계획표를 잘 가지고 다니지만 며칠 지나 실천이 제대로 이뤄지지 않으면 구겨 버리거나 어디에 뒀는지 모르고 애물단지로 전락하게 된다. 공부하기 싫어질 때마다 계획표를 미워하고, 타박하고, 버리는 일이 벌어진다. 명심하자. 계획표를 미워하면 결코 자기주도적 학습을 진행할 수 없다. 어떤 상황에서라도 항상 곁에 두고 쳐다보자. 계획표에 대한 사랑이 곧 공부에 대한 사랑이다.

활동자료―뇌기반 학습계획 세우기

☆ 활동 목표

■ 학습계획의 중요성을 이해할 수 있다.
■ 뇌기반 학습계획을 세울 수 있다.

☆ 준비물

◆ ppt 자료, 활동지, 일일계획표, 주간계획표, 월간계획표

☆ 활동 내용

① 두뇌유형에 맞는 학습계획 전략을 제시하고 자신만의 방법을 찾고 좀 더 자신의 두뇌 특성에 맞는 방법을 찾도록 한다.
② 자신에게 맞는 학습계획 방법을 찾으면서 직접 시도해보고 도움이 되었던 방법을 반복해서 적용해 보도록 한다.
③ A형과 B형은 개별적으로 계획을 잘 세우는 학생들이며, 월간 계획이나 연간 계획처럼 장기적인 계획을 세우도록 한다.
④ C형과 D형은 주간 계획이나 일일 계획처럼 단기 계획을 세우도록 하며 친구들끼리 함께 계획을 세우고 상호작용과 피드백을 주기적으로 나누며 서로에게 격려와 응원을 하도록 한다.
⑤ 짝 또는 모둠별로 학습계획을 완성하고 서로 계획을 공유하도록 한다. 교사는 순시를 하면서 주로 C형과 D형 학생들의 활동을 점검하

고 격려해 준다.

⑥ 전체 활동 후 자신의 계획을 발표하면서 소감을 나누고 언제나 실천할 수 있도록 서로에게 격려와 응원을 해주도록 한다.

다음 그림은 뇌기반 학습계획 방법을 나타낸 것이다.

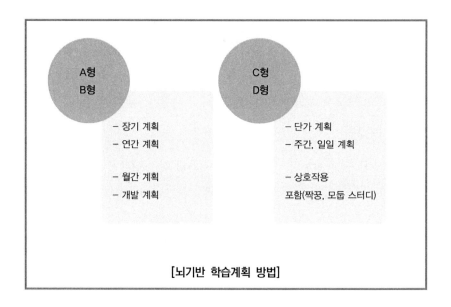

[뇌기반 학습계획 방법]

☆ 지도상의 유의점

◆ 뇌기반 학습계획 세우는 방법을 안내하고 유형대로 선택하여 자신만의 방법을 탐색해보게 한다.

◆ 뇌기반 활동 방법을 찾거나 자신만의 방법을 선택하도록 안내한다.

◆ [교사의 역할] A형과 B형은 독자성을 인정하여 중장기계획을 개별적으로 진행하고 과제를 제시할 때에도 설명과 지시를 최대한 배제한다.

◆ C형과 D형은 모둠으로 주로 단기계획을 진행하고 수능 전략과 구조화시키는데 도움을 적극적으로 하며 주기적인 감정적인 지원을 하며 수시로 피드백을 한다.

☆ 활동 사례

❖ 뇌기반 학습계획 사례 ❖

2차 지필평가 세부 계획 (일일 계획)

☆ 활동 소감

"정기고사 계획을 세우고 계획을 세움으로써 체계적으로 공부를 해보니 계획의 중요성을 깨닫게 됨."

"학습계획을 한 달, 하루하루 계획을 세우는 활동을 통해 시험기간이나 평소에 조급한 마음이 사라져서 차분하게 학습할 수 있게 된 점이 도움이 되었다."

"계획을 세울 때 좀더 구체적으로 잘 세울 수 있게 되고 공부계획의 중요함을 더 잘 알게 되었다."

"자기주도적 학습능력이 향상되었고, 계획과 목표에 대해 구체적으로 고민해보는 시간을 갖게 되어 긍정적인 변화가 있었다".

"단기계획과 장기계획을 세우고 실천하게 되었으며 뇌 유형에 맞게 여러 명이 모여서 공부하니까 혼자 할 때보다 좋았다."

☆ 학습계획의 중요성 인식

학생들에게 내재적 동기를 높이기 위해서는 학습 목표를 스스로 결정하고 선택하게 하여야 한다. 학업성취에 가장 큰 영향을 미치는 요인은 학습목표를 성취하기 위한 자신의 실행능력에 달려있다고 할 수 있다. 자신에게 맞는 학습목표를 세우고 학습하는 습관을 형성하고 공부 계획을 조절하는 과정에서 학습계획에 대한 태도가 변화하였음을 알 수 있었다.

활동지: 7회기―나만의 학습계획을 세우자~

지필평가 세부 계획 (일일 계획)

날짜	학습계획 (과목, 교재)	학습 내용	자기 평가

* 시험 후 보상 계획, 상호작용, 시험 불안 대책 등...

지필평가 세부 계획 (일일 계획-시험 시간표 순)

날짜	시험 과목		
	확률과 통계	지구과학	
12월 5일(화)			
자기 평가			
	미적분	일본어	환경/과제
12월 6일(수)			
자기 평가			
	독서와 문법	생명과학	사회문화
12월 7일(목)			
자기 평가			
	영어	미술창작	
12월 8일(금)			
자기 평가			

* 시험 후 보상 계획, 상호작용, 시험 불안 대책 등...

지필평가 세부 계획 (주간 계획)

과목	주 교재	학습 분량				자기 평가
		11.12~ 11.18	11.19~ 11.25	11.26~ 12.2	12.3~ 12.7	

* 시험 후 보상 계획, 상호작용, 시험 불안 대책 등…

지필평가 세부 계획 (주중, 주말 계획)						
구분	월	화	수	목	금	자기 평가
미라클 타임						
쉬는 시간						
점심 시간						
야자 1교시						
야자 2교시						
주말 계획 (토)						
주말 계획 (일)						

* 시험 후 보상 계획, 상호작용, 시험 불안 대책 등...

지필평가 세부 계획 (월간 계획)

	일	월	화	수	목	금	토
(D-3 주전)	11/12	13	14	15 (야자 없음)	16 (대수능)	17	18
목표:							자기 평가
세부 계획:							
(D-2 주전)	19	20	21	22	23	24	25
목표:							자기 평가
세부 계획:							
(D-1 주전)	26	27	28	29	30	12/1	12/2
목표:							자기 평가
세부 계획:							
(D-2)	3	4	5	6	7	8	
			2차 지필평가				
목표:							
세부 계획:			확통/지 구과학	미적/일어/ 환경/과제	독문/생명 /사문	영어/미 술창작	

두뇌친화적 환경을 만들자

8회기. 학습환경
- 두뇌친화적 환경을 만들자 -

1. 학습환경 개요

다음 그림은 학습환경의 구성을 나타낸 것이다. 학습환경에는 신체적 환경과 사회적 환경, 물리적 환경이 있다. 신체적 환경에는 바른 자세, 식습관 (두뇌에 좋은 음식) 숙면(수면주기), 운동이 있고, 사회적 환경에는 친구와의 관계, 선생님과의 관계, 가족과의 관계가 있으며, 물리적 환경에는 공부방, 책걸상, 조명, 음악(백색소음), TV, 컴퓨터, 핸드폰 등이 있다.

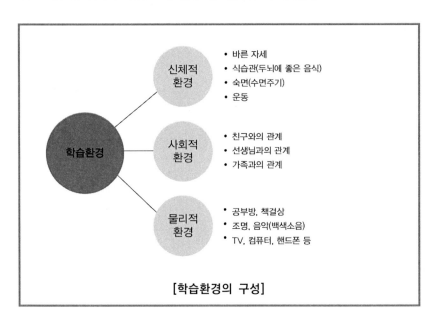

[학습환경의 구성]

이 중에서 두뇌에 좋은 음식과 수면주기, 백색소음에 대해 상세하게 알아보면 두뇌에 좋은 음식으로는 카레, 샐러리, 브로콜리, 호두, 게, 블루베리, 콩 등이 있다. 카레의 커큐민은 기억력 증진과 뇌세포 생성을, 샐러리의 루테올린은 두뇌 염증 진정, 기억력 증진을, 브로콜리의 콜린은 학습, 기억력 증진을, 호두의 오메가3는 두뇌 노화 예방과 게의 페닐알라닌은 도파민과 아드레날린 분비를, 블루베리의 피토케미칼은 기억력 증진을, 콩의 레시틴은 뇌세포 회복에 도움을 준다.

수면주기에는 비램수면과 램수면이 있다. 램수면일 때 대뇌에서 피질이 활성화되어 학습에 대한 꿈과 과제에 대한 기억을 강화시키므로 충분한 수면이 이루어져야 낮에 학습한 단기 기억들을 장기기억으로 저장할 수 있게 된다.

백색소음이란 평소에 듣던 시냇물 소리, 파도소리, 새소리, 빗소리 등 자연음으로 전체적으로 일정한 주파수를 나타내는 소리이다. 이러한 백색소음은 주변의 소음을 중화시켜 차단시키고 심신이 안정될 때 나오는 알파파와 SMR파가 나오기 때문에 기억력과 집중력 향상에 도움을 준다.

2. 프로그램 교수—학습과정안

학습 주제	두뇌친화적 환경을 조성하자			회기	8/10
학습 목표	• 뇌기반 학습환경을 조성할 수 있다.			자기주도적 학습원리	환경관리의 원리
				자기주도적 학습전략	학 습 환 경 조성하기
수업 단계	교수—학습활동 내용	모둠 구성	소요 시간	수업자료 및 유의점	
준비	• 뇌와 몸의 감각을 깨우기 • 몸과 뇌의 감각을 깨우는 뇌체조		10분	㉔ 동영상,음악자료 ㊌ 편안한 분위기 조성	
계획	1. 수면시간 조절하기 2. 두뇌에 좋은 음악, 향기, 음식, 색깔, 체조 탐색하기 3. 학습환경의 중요성 이해하기 • 신체적 환경: 바른 자세 식습관(두뇌에 좋은 음식), 숙면(수면주기), 운동 • 사회적 환경: 친구와의 관계, 선생님 과의 관계, 가족과의 관계 • 물리적 환경: 공부방, 책걸상, 조명, 음악(백색소음)TV, 컴퓨터, 핸드폰 등 4. 뇌기반 학습환경 계획하기		20분	㉔ 활동지, 준비물 ㊌ 두뇌유형별 학습내 용을 안내하고 유형 대로 선택하여 자신 만의 방법을 탐색해 보게 한다. • 모둠별 활동시 시간 활용을 잘 할 수 있 도록 지도한다.	
실행	1. 뇌기반 학습환경 조성하기 (A형) (B형) 정렬된 책상 및 조용하고 독립된 학습환경 조성하기 (C형) (D형)	A형 B형 개별 학습	40분	[교사의 역할] • 구조화되지 않은 과제 제시 • 설명, 지시 배제	

				• 개별성, 독자성 인정 주기적인 행동 및 내용 점검
	자유로운 책상 배열, 주변 도움 요청 TV, 핸드폰 통제 2. 나만의 학습환경 조성하기 3. 공부 방해요소 찾아 제거하기		C형 D형 모둠 학습	[교사의 역할] • 문제 해결 전략 제시 • 과제 구조화 강화 및 도움 • 감정적인 지원 전체적인 흐름, 맥락 파악

정리	• 개별, 모둠별로 결과 발표하기
	 – 각자의 결과물 벽에 게시,
	   원하는 사람 발표하기
	• 더 알고 싶은 점, 궁금한 점
	  질문하고 답하기
	• 느낌 나누고 소감문 작성하기
			30분	㉠ 시간 안배를 잘하여 발표 시간 조절을 잘한다.

1. 수면과 건강

가. 수면의 종류

수면의 질을 높이기 위해서는 수면이 어떻게 구성되어 있는지 알 필요가 있다. 일반적으로 수면은 렘(REM)수면과 논렘수면(Non-REM)의 두 종류로 나뉜다. 렘수면(몸의 잠)은 보통 꿈을 꾸는 얕은 수면으로서 전체 수면시간의 1/4을 차지한다. 렘수면 중에는 대뇌와 자율신경이 모두 휴식을 취한다. 몸이 잠을 자므로 웬만한 일로는 잠에서 깨어나지 못한다. 이때는 심장박동과 호흡이 불규칙적으로 진행되기 때문에 눈동자가 빠르게 움직여서 급속안구 운동(Rapid Eye Movement)수면이라고 부른다. 렘수면 기간에는 꿈을 통해 무의식이 활동하면서 낮에 쌓인 정신적, 감정적 피로를 회복한다.

이와는 달리 논렘수면(뇌의 잠)에서는 대뇌는 휴식을 취하지만 자율신경이 활동을 한다. 논렘수면 중에는 뇌하수체에서 5가지 호르몬(갑상전자극호르몬, 황체형성호르몬, 부신피질자극호르몬, 성장호르몬, 프로락틴)이 분비되므로 신체의 피로회복이 이루어진다. 특히 성장호르몬은 성장기 어린이에게는 성장하게 하지만, 성인에게는 피로를 회복하는 역할을 하므로 누구에게나 중요하다. 성장호르몬이 최대로 분비되는 시기는 오후 10시부터 오전 2시까지이므로 성장과 피로회복을 위해서는 이 시간대에 수면을 취하는 것이 바람직하다.

나. 적당한 수면시간의 중요성

아무리 피곤한 경우라도 지나치게 오랜 시간 잠을 자면 우리 몸은 더 나른해진다. 항상 적당한 수면시간을 지키는 것이 좋다. 인체에는 놀랄 정도로 스스로 조절하는 항상성(homeostasis)이 있어서 수면시간을 줄이면 숙면시간이 차지하는 비율이 늘어나는 경향이 있다. 인간은 그날의 신체적 피로를 회복시키기 위해 논렘수면의 깊은 수면 3, 4단계가 필요하다. 반면 낮 동안에 입력된 정신적 피로를 처리하기 위해서는 렘수면이 필요하다. 렘과 논렘수면의 한 주기는 90분 정도이고 하루 밤 동안 5~6회 반복되므로, 하루 8시간 수면이 필요하다고 본다. 하지만 얕은 논렘수면 시간을 줄이면 모두 3~5시간 정도로 하루 동안 생기는 신체적, 정신적 피로를 충분히 해결할 수 있다. 일반적으로 수면시간이 길어지는 이유는 주로 논렘수면 가운데 초기 1, 2 단계인 얕은 잠으로 소요되기 때문이다. 수면의 질을 높이기 위해서는 얕은 논렘수면(1, 2단계)을 짧게 하고, 깊은 논렘수면(3, 4단계)과 렘수면을 충분히 자야 한다.

다. 수면형태

1) 아침형

우리는 일반적으로 수면습관과 활동시각에 따라 아침형과 저녁형으로 구분된다. 수면형태는 유전적인 요인이 크게 작용하는 것으로 알려져 있다. 요즘에는 아침형 인간에 대한 관심이 많아지고 있다. 아침형 인간이란 저녁에 일찍 자고 아침 일찍 일어나는 습관을 갖고 있는 사람을 말한다. 종달새형 인간은 밤에는 일찍 활동을 멈추고 잠을 자며, 아침에는 일찍 일어나서 활동을 시작한다. 주로 육체노동을 하는 사람들이 이 유형에 속한다. 이 유형은 대부분 아침에 충분히 잘 잤다는 기분을 느낄 수 있다. 밤에 잠을 잘 자므로 아침에 기상할 때도 기분이 상쾌하다. 그 기분이 낮에도 계속되므로 다른 사람에 비해 활동성이 많고 매사를 적극적으로 처리하기를 좋아한다.

밤에는 곤하게 깊은 잠을 잘 수 있다. 중요한 것은 자신이 피로감을 느끼지 않을 정도의 수면시간을 규칙적으로 자는 것이 가장 바람직하다. 그런데 수면을 관장하는 멜라토닌 호르몬은 기상 후 14~16시간이 지나야 분비되므로 잠자는 시간은 일어나는 시간에 의존한다. 즉, 일찍 일어나면 일찍 자게되고, 늦게 일어나면 늦게 자게 된다.

2) 저녁형

저녁형 인간은 올빼미형 인간이라고 불린다. 정신적 노동을 하는 사람은 대부분 이 유형에 속한다. 올빼미처럼 밤늦게까지 활동하고 아침에는 기상하기 어려우며 가능하면 늦게까지 침대에 누워있고 싶어한다.

학자형 수면은 일반적인 수면 형태가 무너져서 거의 아침까지 얕은 잠을 자다가 아침에 깨기 직전에야 깊은 잠을 잔다. 학자형 수면을 취하는 사람들은 대부분 작가나 학자로서 낮에 육체적인 일을 거의 하지 않기 때문에 저녁에 육체적인 피로는 쌓이지 않는다. 그래서 잠을 자려고 해도 잠이 오지 않는다. 더 중요한 이유는 늦게 일어나므로 생체시계에 따라 멜라토닌 호르몬이 늦게 분비된다는 것이다.

가장 이상적인 수면 습관은 규칙적인 습관이다. 경우에 따라 취침시간이 좀 불규칙하더라도 기상시간 규칙적으로 하면, 차츰 취침시각도 규칙적으로 지켜질 가능성이 크다.

라. 수면과 학습

수면과 관련하여 좋은 학습습관을 원한다면, 잠자기 전에 집중해서 공부할 것을 권한다. 공부한 내용을 한 번 이미지로 그리듯이 복습한 후에 편안한 마음으로 잠자리에 들어보면 그 효과를 알 수 있다. 공부한 내용을 잠자는 동안 잘 정리해서 저장하도록 자신의 무의식에게 요구하는 방법도 효과적이다. 그리고 아침에 잠에서 깨어나는 즉시 어제 잠자기 전에 공부한 내용을 복습하기 위해 떠올려 보면 스스로 놀랄 정도로 잘 기억할 것이다. 아마 거의 모든 내용이 선명하게 기억날 것이다. 이것을 반복하면 수면의 역할과 그 중요성을 알게 된다. 아마도 더 좋은 결과를 위해 취침 이전에 더 열심히 학습하고 싶어질 것이다. 수면시간을 늘리기 보다는 수면의 질을 높이도록 생활을 바꾸려고 노력하는 것이 더 낫다.

수면시간은 자신의 신체리듬에 맞게 조절하기를 권한다. 무리하게 적게 자려고 욕심을 부리면 낮에 집중력이 저하되므로 바람직하지 않다. 또한 너무 많은 시간 자는 것은 뇌가 게을러질 수 있는데다 아까운 시간을 낭비하는 결과가 되므로 피해야 한다. 자신이 피로감을 느껴지지 않을 정도의 수면시간을 규칙적으로 자는 것이 가장 바람직하다.

2. 햇빛과 건강

가. 행복호르몬 세로토닌 분비

인간은 어디에 살든 하루에 20~30분 정도는 실외에서 햇빛에 노출시킬 필요가 있다. 우리가 기분 좋게 느끼도록 해주는 세로토닌 호르몬은 1,000 정도의 햇빛에 노출될 때 다량으로 분비된다. 그러므로 가능하면 매일 햇빛을 적어도 20분 이상 받도록 해야 한다. 자외선에 의해 공급되는 비타민 D가 세로토닌 호르몬의 생성과 분비를 촉진시킬 뿐만 아니라 체내에서 칼슘흡수를 촉진시켜주므로 햇빛은 성장기에 있는 어린이와 청소년에게 특히 중요하다.

화창한 날의 밝기는 70.000럭스 이상이고 흐린날은 7,000럭스 정도이다. 그런데 아무리 조명이 잘 되어 있더라도 실내는 200럭스 미만에 불과하다. 밖에서 걸을 때는 땅을 보고 걷지 말고, 시선을 정면으로 향하고 걸어야 한다. 그래야 햇빛이 눈에 더 많이 들어올 수 있기 때문이다.

나. 세로토닌과 에스트로겐 관계

세로토닌은 뇌에서 분비되는 신경전달물질로서 기분을 고양시켜서 행복감을 느끼게 하는 역할을 한다. 그런데 여성호르몬인 에스트로겐이 세로토닌을 합성하고 분비하는데 결정적인 역할을 한다. 다시 말하면 에스트로겐과 세로토닌 수치는 정확하게 비례한다. 청소년기의 소녀들이 즐거운 기분과 행복한 느낌을 더 많이 느끼면서 소년들에 비해 잘 웃고 쾌활한 경향이 있다. 이러한 현상은 여성의 몸에서 에스트로겐이 풍부하게 분비되므로 세로토닌도 풍부하다는 것으로 그 차이를 설명할 수 있다.

3. 두뇌와 건강

우리 몸의 모든 곳, 모든 세포에서 뇌에 정보를 보낸다. 오감 기관 뿐만 아니라 내장, 그리고 내장과 내장 사이 등 몸의 어느 한구석도 뇌와 연결되지 않은 곳이 없다. 이 연결이 있음으로 해서 뇌가 작업을 한다. 몸의 각 부분에서 올라오는 정보를 뇌가 받아서 그에 따라 정보처리를 한다. 이 연결을 차단하거나 정보가 원활하게 전달되지 못하면 뇌는 정보를 받지 못해서 반응하지 않게 된다. 이와 같이 몸과 뇌는 하나로 연결되어 있다.

최근 뇌과학, 뇌의학의 발전은 몸과 뇌는 서로 분리되지 않고 영향을 주고받는 하나라는 것을 밝혀내고 있다. 뇌는 직접 자극할 수 없지만, 두뇌와 연결된 몸을 자극하거나 움직임으로써 두뇌의 신경전달체계를 강화시킬 수 있다. 몸을 움직이는 신체활동은 척수부터 뇌간, 중뇌, 소뇌, 기저핵, 대뇌피질 등 뇌의 많은 영역에 운동통제계가 있어 운동을 통해서 뇌의 각 부분이 활성화될 수 있다.

활동자료-뇌기반 학습환경 조성하기

☆ 활동 목표

■ 두뇌친화적 환경에 대해 알 수 있다.
■ 뇌기반 학습환경을 조성할 수 있다.

☆ 준비물

◆ ppt 자료, 음악(뇌체조 음악), 활동지

☆ 활동 내용

① 두뇌에 좋은 음식, 수면주기, 백색소음 등 두뇌친화적 환경에 대한 내용을 이해하고 자신에게 맞는 학습환경을 만들어본다.
② A형과 B형은 정렬된 책상 배열과 조용하고 독립된 환경을 선호하므로 자신의 학습환경을 조성하도록 한다.
③ C형과 D형은 자유로운 책상 배열과 주변의 도움을 요청할 수 있도록 열린 환경을 선호한다. 자신만의 두뇌친화적인 학습환경을 디자인해본다.
④ 짝 또는 모둠별로 학습환경을 완성하고 서로 계획을 공유하도록 한다. 교사는 순시를 하면서 주로 C형과 D형 학생들의 활동을 점검하고 격려해 준다.
⑥ 전체 활동 후 자신의 학습환경을 발표하면서 소감을 나누고 언제나 실천할 수 있도록 서로에게 격려와 응원을 해주도록 한다.

다음은 뇌기반 학습환경 조성 방법이다.

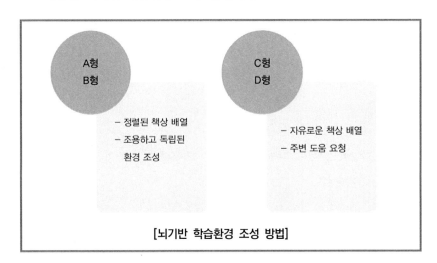

[뇌기반 학습환경 조성 방법]

☆ 지도상의 유의점

◆ 뇌기반 학습환경 조성 방법을 안내하고 유형대로 선택하여 자신만의 방법을 탐색해보게 한다.

◆ 뇌기반 학습에 방해되는 요인을 찾고 해결 방안을 찾도록 한다.

◆ [교사의 역할] A형과 B형은 독자적인 방법으로 독립된 환경을 조성하고, C형과 D형은 자유로운 방법으로 환경을 조성하도록 하고 주변의 도움을 받을 수 있도록 한다.

☆ 활동 소감

"나 자신에게 맞는 학습 환경에 대해 알 수 있는 기회가 되었으며 학습환경 조성의 중요성도 알게 되었다."

"공부할 때 나의 두뇌유형에 맞는 환경으로 의식하게 되고 그래서 공부하는 환경의 많은 변화가 있었다."

활동지: 8회기—나만의 학습환경을 만들자!

☆ 활동 개요

✐ 학습에 도움이 되는 학습환경을 이해하고, 나만의 학습환경을 조성해보자.

☆ 활동 내용

1. 학습환경에는 어떤 것이 있나요?
- 신체적 환경:
- 사회적 환경:
- 물리적 환경:

2. 학습에 방해되는 요인과 극복 방안을 찾아보자.

3. 나만의 학습 환경(공부방)을 조성해보자.

IX

학습을 되새김하자

9회기. 복습 전략, 노트필기 전략
- 학습을 되새김하자 -

1. 복습 전략, 노트필기 전략 개요

학습은 예습, 수업, 복습의 3단계 과정으로 이루어진다. 이중에서 복습은 학습한 내용을 장기기억으로 전환하여 오래도록 유지하기 위해 필수적인 요소라 할 수 있다.

다음 그림은 에빙하우스의 망각곡선을 나타낸 것이다. 학습 후 10분 후부터 망각이 시작되어 1일만 지나도 70% 이상이 망각되고 1달이 지나면 80% 이상이 망각된다. 그러므로 최초학습 후 10분 뒤에 1차 복습을 하고 하루 뒤에 2차 복습을 하며 1달 뒤에 3차 복습을 주기적으로 하면 단기기억을 장기기억으로 전환하여 기억할 수 있다.

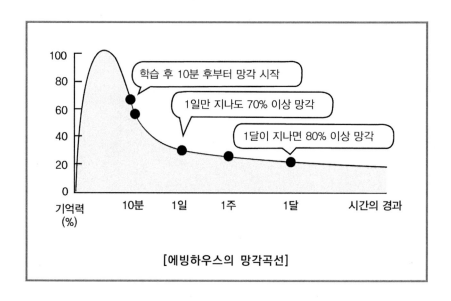

[에빙하우스의 망각곡선]

2. 프로그램 교수—학습과정안

학습 주제	학습을 되새김하자~			회기	9/10
학습 목표	■학습 내용 정리 전략을 찾을 수 있다. ■뇌기반 복습 전략 찾을 수 있다.			자기주도적 학습원리	행동실천의 원리
				자기주도적 학습전략	학습정리 전략 탐색하기
수업 단계	교수—학습 활동 내용	모둠 구성	소요 시간	수업자료 및 유의점	
준비	• 뇌와 몸의 감각을 깨우기 • 몸과 뇌의 감각을 깨우는 뇌체조		10분	㉛ 동영상 자료, 음악자료 ㉮ 편안한 분위기 조성	
계획	1. 에빙하우스의 망각곡선 이해하기 • 효과적인 복습 전략 탐색하기 2. 두뇌기반 나만의 노트 필기법 3. 복습전략 안내하기 　즉시복습, 반복 복습 　누적 복습, 쪼개기 복습 　차례 복습, 기출 복습 　가르치기 복습, 복습노트		20분	㉛ 활동지, 준비물 ㉮ 뇌기반 학습내용을 　안내하고 유형대로 　선택하여 자신만의 　방법을 탐색해보게 　한다. • 모둠별 활동시 시간 　활용을 잘할 수 있 　도록 지도한다.	
실행	1. 뇌기반 복습 전략 찾기 　(A형) 장기복습, 셀프 토킹, 누적 　복습 　(B형) 장기복습, 복습 노트, 차례 　복습 　(C형) 단기복습, 함께 복습, 　반복 복습 　(D형) 단기복습, 가르치기 복습	A형 B형 개별 학습	40분	[교사의 역할] • 구조화되지 않은 과 　제 제시 • 설명, 지시 배제 • 개별성, 독자성 인정 　주기적인 행동 점검 [교사의 역할]	

		C형
		D형
		모둠
		학습
				• 문제 해결 전략 제시
				• 과제 구조화 강화 및
				  도움
				• 감정적인 지원
				  전체적인 흐름, 맥락
				  파악

정리	• 개별, 모둠별로 결과 발표하기
	  – 각자의 결과물 벽에 게시,
	    원하는 사람 발표하기
	• 더 알고 싶은 점, 궁금한 점
	  질문하고 답하기
	• 느낌 나누고 소감문 작성하기
			30분	㉮ 시간 안배를 잘하여
				  발표 시간 조절을
				  잘한다.

강의자료—복습 전략

복습은 공부한 내용을 확실히 이해하고 자신의 것으로 만들기 위해 일정한 시간이 지난 뒤 반복하는 학습행위이다. 즉, 배워서 알게 된 내용을 완전히 자신의 것이 되도록 반복해서 몸에 붙이는 작업이다. 우리는 복습을 통해 배운 지식을 더 오래 기억하고 또 적절하게 사용한다. 그러므로 '복습은 나중에 하는 것이다' 또는 '복습은 무조건 반복해서 하는 것이다'라는 고정관념은 버려야 한다.

복습은 학습 직후 학습내용이 생생할 때 곧장 실시하는 복습과 학습 후 시간이 한참 지난 후 내용이나 자료를 거의 잊었을 때 하는 복습이 있다. 전자는 배운 내용 중 핵심사항을 종합하고 정리하여 관련된 여러 자료에 대한 관심을 높이는데 효과적이다. 후자는 다시 갖는 학습기회라는 점에서 적극적인 학습활동을 유발하는 효과가 있다. 이런 방법은 상호보완적인 성격을 띠므로 병행하는 것이 좋다.

대체로 잘못된 복습은 학습 후 오랜 시간이 지난 다음 들추어보거나 배운 것을 시험을 위해 무조건 암기하는 것이다. 이러한 유형의 복습은 한꺼번에 많은 내용을 저장하려고 애쓰기 때문에 머릿속에 오래 남지 못하는 맹점을 안고 있다. 배워서 알고 있는 내용을 조직화하려는 노력 없이는 결코 그 내용을 오래 기억할 수 없다. 힘들여 외운 자료가 결국 무용지물이 되고 만다.

복습은 배워서 알게 된 내용을 잊지 않도록 하고 이해를 깊게 하는 행위이다. 또한 어렴풋이 아는 것을 정확하고 깊이 있게 이해하는 행동이며(정교화), 단편적으로 아는 것을 전체적인 맥락 가운데 계통을 세워 이해하고 기억하는 것이다(조직화). 따라서 복습의 의의와 목적을 분명히 이해한다면 투자하는 시간에 비해 얻어지는 것이 많다는 것을 알 수 있다.

예습과 수업을 거치며 이해가 부족했거나 수업 중에 선생님이 특히 강조한 내용과 특별히 관심을 보인 부분에 대해서는 중점적으로 복습해야 한다. 핵심적인 내용에 대해서는 질문을 만들고 예습이나 수업 때 노트필기한 내용을 점검하며 이에 대한 답을 구한다. 중심개념을 찾고 각 개념과 개념의 관계, 또는 중심개념과 관계된 부수적인 사항을 정리한다. 이러한 과정을 거치면서 배운 내용을 가장 본질적인 요점으로 압축하고 그 본질적인 요점을 다시 하나의 키워드로 정리해 주기적으로 복습한다. 그렇게 해서 그 내용을 이룬 모든 단어를 자유롭게 구사할 수 있고, 누가 물었을 때 즉각 답할 수 있을 정도가 되면 이와 연관된 어떠한 문제라도 쉽게 풀 수 있다. 예를 들면, 수학도 규칙·정의·문제유형 및 관련 문제를 풀 수 있는 공식과 순서로 압축할 수 있어야 한다. 그리고 나서 어떠한 형태의 문제이든 그에 대한 올바른 답이 자동적으로 나오게 될 때까지 이 본질적인 지식을 지속적으로 반복 연습한다. 공부한 내용을 더 정교하게 하기 위해 문제집을 풀거나 시험(자기시험)을 본 후에는 실수한 것을 중점적으로 복습하는 것이 바람직하다. 틀린 문제에 대해서는 실수한 요인과 실수한 부분을 명확히 하고 같은 실수를 되풀이하지 않도록 공부해야 한다.

만약 시험을 위한 복습이라면 지금까지 공부한 내용을 전체적으로 조망해보고 자신의 강점과 약점을 파악한다. 스스로 확실히 아는 것과 잘 모르는 것이 무엇인지를 가려내어 보충이 필요한 부분을 선택하고 이에 대한 적절한 계획을 세워 공부한다. 또한 수업 중 선생님이 강조한 내용과 노트한 내용을 참조해 전에 선생님이 출제한 것과 비슷한 성향의 문제를 스스로 만들고 답해보는 것도 좋은 방법이다.

☆ 활동 목표

■ 학습 내용 정리 전략을 찾을 수 있다.
■ 뇌기반 복습전략을 찾을 수 있다.

☆ 준비물

◆ ppt 자료, 음악(뇌체조 음악), 활동지

☆ 활동 내용

① 뇌기반 복습전략 및 노트필기 전략을 제시하고 자신만의 방법을 찾고 좀 더 자신의 두뇌 특성에 맞는 방법을 찾도록 한다.
② 자신에게 맞는 방법을 찾으면서 직접 시도해보고 도움이 되었던 방법을 반복해서 적용해보도록 한다.
③ 뇌기반 노트필기 전략으로 A형은 저널 필기, 스토리텔링 필기이다.
④ B형은 마인드맵 필기, 써클맵 필기, 구조화 필기 전략이다.
⑤ C형은 이미지 필기, 브레인스토밍 필기, 개념도 필기 전략이다.
⑥ D형은 노래가사 필기, 가르치기 필기 전략이다.
⑦ 짝 또는 모둠별로 복습전략 및 노트필기 전략을 완성하고 서로 공유하도록 한다. 교사는 순시를 하면서 주로 C형과 D형 학생들의 활동을 점검하고 격려해준다.

⑧ 전체 활동 후 자신의 느낌을 발표하면서 소감을 나누고 언제나 실천할 수 있도록 서로에게 격려와 응원을 해주도록 한다.

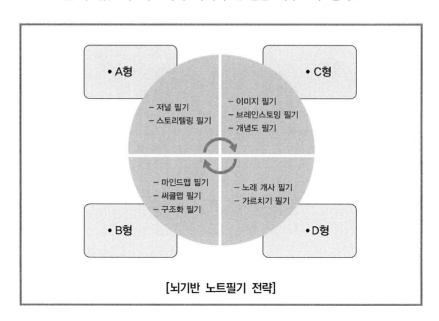

[뇌기반 노트필기 전략]

다음 그림은 뇌기반 노트필기를 나타낸 것이다. 요약하기 부분에 수업한 내용을 자신만의 노트필기 전략으로 요약한다. 복습하기 부분에 주기적으로 학습내용을 복습한다.

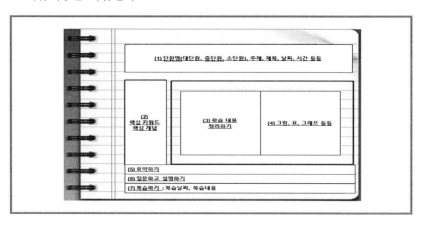

다음 그림은 뇌기반 복습 전략이다. A형은 장기복습, 셀프복습, 누적복습, B형은 장기복습, 복습노트, 차례복습, C형은 단기복습, 함께 복습, 반복복습, D형은 단기복습, 가르치기 복습이다.

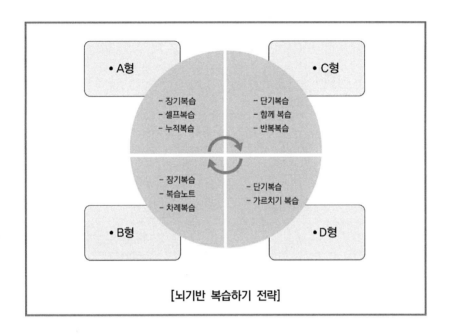

[뇌기반 복습하기 전략]

☆ 지도상의 유의점

◆ 뇌기반 복습 전략을 안내하고 유형대로 선택하여 자신만의 방법을 탐색해보게 한다.

◆ 뇌기반 노트필기 전략을 찾거나 자신만의 방법을 선택하도록 안내한다.

◆ [교사의 역할] A형과 B형은 독자성을 인정하여 개별적으로 노트필기와 복습하기를 진행하고 과제를 제시할 때에도 설명과 지시를 최

대한 배제하며, 가끔씩 진행사항을 점검한다.

◆ C형과 D형은 모둠별로 노트필기와 복습하기를 진행하고 문제해결 전략과 과제 구조화 강화 및 도움을 적극적으로 하며, 모둠원끼리도 서로 지원을 하여 피드백을 한다.

☆ 활동 사례

❖ 뇌기반 노트필기 전략 사례 ❖

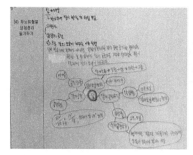

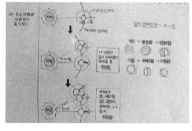

☆ 활동 소감

"노기반 노트필기나 두뇌트레이닝 방법을 설명해주는 것과 같이 나에게 맞는 색다르고 재미있는 복습 방법을 알려주어 도움이 되었다."

"두뇌유형을 파악하여 나에게 맞는 복습 전략을 익힐 수 있었다."

"혼자 공부하기보다는 친구한테 물어보고 함께 공부하는 습관을 들이고 눈으로 읽기보다 노트에 써가면서 공부하니 더 오래 기억에 남았다. 그리고 공부한 내용을 꼭 복습하고 생각날 때마다 상기시켰다."

☆ 복습의 중요성 인식 및 공부 습관 형성

그동안 자신도 잘 몰랐던 자신의 두뇌유형에 대해 이해하고 자신만의 학습 방법에 대해 고민하고 실천해보면서 자신만의 복습 방법을 정립하였다. 더 나아가 자신만의 학습법을 고안하고 친구들과 공유하는 과정에서 학습에 많은 도움이 되었음을 알 수 있었다.

활동지: 9회기—학습을 되새김 하자 ~ 복습 전략, 노트필기

☆ 활동 개요

🖉 복습의 중요성을 이해하고, 학습을 되새김할 수 있는 나만의
전략을 찾아보자.

☆ 활동 내용

1. 복습이 중요한 이유는 무엇인가요?

2. 나만의 복습 전략을 찾아보자.

3. 나만의 노트필기 전략을 찾아보자.

X

학습 행동을 실천하자

10회기. 학습 실행
- 수능 전략 찾기, 비전 선포하기 -

1. 학습 실행 개요

자신의 수능 목표와 그 목표를 이루기 위해 구체적인 계획을 작성한다. 구체적인 목표를 고민하고 작성하는 것은 뚜렷한 목적의식을 갖게 하는데 도움이 된다. 수능에서 자신이 원하는 과목별 세부적인 목표를 정하고 그 목표에 맞게 실천 계획을 세움으로써 구체적인 학습내용과 학습분량을 실천할 수 있다. 아울러 비전 선포문 작성을 통해 자신에게 격려하고, 다른 사람 앞에서 비전 선언을 함으로써 '할 수 있다'는 의지를 확고히 다질 수 있다.

2. 프로그램 교수―학습과정안

학습 주제	학습행동을 실천하자 비전 선포하기			회기	10/10
학습 목표	■ 뇌기반 시험 전략을 탐색할 수 있다. ■ 자신의 미래의 비전을 찾고 선포할 수 있다.			자기주도적 학습원리	행동실천의 원리
				자기주도적 학습전략	학습행동 실천하기
수업 단계	교수―학습활동 내용	모둠 구성	소요 시간	수업자료 및 유의점	
준비	• 뇌와 몸의 감각을 깨우기 • 몸과 뇌의 감각을 깨우는 뇌체조		10분	㉔ 동영상 자료, 음악 　자료 ㉨ 편안한 분위기 조성	
계획	1. 공부 습관 전략 탐색하기 2. 뇌기반 내신, 수능 전략 계획하기 3. 자기의 미래모습 찾기		20분	㉔ 활동지, 준비물 ㉨ 뇌기반 학습내용을 　안내하고 유형대로 　선택하여 자신만의 　방법을 탐색해보게 　한다. • 모둠별 활동시 시간 　활용을 잘할 수 있도 　록 지도한다.	
실행	1. 뇌기반 내신, 수능 전략 찾기 (A형) (B형) 장기계획, 월간계획 연간계획, 세부계획 개별계획 (C형) (D형) 단기계획, 일일계획 주간 계획, 상호작용 포함 2. 자신의 진로, 진학 찾기 3. 비전 선포하기	A형 B형 개별 학습	40분	[교사의 역할] • 구조화되지 않은 과 　제 제시 • 설명, 지시 배제 • 개별성, 독자성 인정 　주기적인 행동 및 　내용 점검 [교사의 역할]	

	4. 사후검사 • 자기주도적 학습능력 검사하기	C형 D형 모둠 학습		• 문제 해결 전략 제시 • 과제 구조화 강화 및 도움 • 감정적인 지원 • 전체적인 흐름, 맥락 파악

정리	• 개별, 모둠별로 결과 발표하기
	   – 각자의 결과물 벽에 게시,
	     원하는 사람 발표하기
	 • 더 알고 싶은 점, 궁금한 점
	   질문하고 답하기
	 • 느낌 나누고 소감문 작성하기
			30분	㉮ 시간 안배를 잘하
				 발표 시간 조절을
				 잘한다.

1. 시험계획 세우기

가. 공부 의욕을 실천으로 옮기는 '지키는 시험 계획표'를 작성하라.

욕심만 앞선 계획표를 만들지 않도록 자신의 하루 일과 중 확보할 수 있는 자습시간과 시험범위, 취약 과목 등을 고려하여 '지키는 시험 계획표'를 작성하라. 지키는 시험 계획표야말로 시험 준비의 시작이다. 1차 지필평가, 2차 지필평가 대비 양식을 통해 지킬 수 있는 시험 계획을 세워보자.

계획표에는 자신의 시험 각오를 적어 공부를 방해할 만한 각종 유혹에 대비한다. 계획표를 작성할 때는 자신의 주간 스케줄 가운데 확보할 수 있는 자습시간을 파악한 후 매일의 계획을 공부 분량 단위로 수립하는 것이 효과적이다. 이때 세운 공부계획이 자습시간 안에 마무리할 수 있는 분량인지 판단해야 한다. 시간을 분배할 때는 취약 과목에 우선순위를 두고, 모든 교과를 균형 있게 공부하도록 조정해야 한다.

나. 공부를 할 때는 과목별 핵심을 파악하여 효율적으로 공부하라.

시험에서는 해당 교과 수업시간에 다룬 내용 중 핵심적인 부분만 골라 출제된다. 따라서 아무리 열심히 공부한다고 하더라도 핵심을 파악하지 못한 공부는 효율이 떨어진다. 과목별로 시험 전날까지 선생님의 수업을 빠뜨리지 않고 들으면서 선생님이 강조한 부분과 시험 정보(문제 유형, 문항 수 등)를 파악하는 것이 중요하다. 선생님의 수업 속에서 핵심을 파악하지 못했다면 교과서의 단원별 학습 목표를 중심으로 공부하자. 학습 목표에 따라 서술형 문제에 대비하는 것도 효과적이다.

다. 시기별 체크리스트를 통해 공부 실천율을 높여라.

시험 목표를 정하고 계획표를 꼼꼼하게 작성했다고 하더라도 실천이 뒤
따르지 않으면 결국 벼락치기형 시험공부로 전락하기 쉽다. 시험 3주 전, 2
주 전, 1주 전에 반드시 해야만 하는 것들을 실천했는지 체크하면서 자신의
공부 실천 정도를 지속적으로 점검해야 한다. 체크 항목이 늘어날수록 스스
로에 대한 성공 경험이 쌓이면서 공부 자신감을 높일 수 있다. 다음의 시험
시기별 체크리스트를 활용하여 시험시기별로 자신의 공부를 점검하고 실천하
지 못한 부분에 대해 보완하도록 하자.

시기	실천행동	체크
3주 전	시험일정과 범위를 파악하고, 시험 대비 자료를 모았다.	☐
	시험범위 전체를 분산하여 공부할 수 있는 '맞춤형 시험 계획표'를 작성하였다.	☐
	어렵고 이해가 잘 안되거나, 시험범위가 많아 시간이 오래 걸리는 과목부터 공부를 시작하였다.	☐
2주 전	노트 필기 중 누락된 부분을 친구 노트를 빌려 채워 넣었다.	☐
	미리 세워둔 계획표대로 공부하고 있다.	☐
	공부한 부분에 대해 무엇이 시험에 나올만한지 핵심을 파악하고 있다.	☐
	공부하다가 이해가 잘 안되는 부분은 선생님과 친구들에게 물어보았다.	☐
1주 전	공부 방해 요소(TV, 컴퓨터, 핸드폰 등)에 적절히 대처하고 있다.	☐
	문제집을 풀면서 틀린 문제들은 오답노트를 마련하여 다시 복습했다.	☐
	학교 수업을 빠짐없이 듣고 있다.	☐
	암기 과목 교과서의 노트를 보고 중요 부분을 외워두었다.	☐

시험시기별 체크리스트

라. 시험기간에 섭취하면 좋은 음식

장시간 책상 앞에 앉아 시험공부를 하다보면 머리가 멍하다는 느낌을 받을 수 있다. 이것은 많은 공부 내용을 소화하느라 두뇌 활동이 평소에 비해 활발해져 머리가 피로했을 때 생기게 된다. 따라서 시험기간에 공부할 때 두뇌에 에너지를 적절히 공급하는 음식을 섭취하는 것이 도움이 된다(수박씨 닷컴, 2011).

시험기간에 섭취하면 좋은 음식

기능	음식의 종류
두뇌 피로를 예방하는 음식	쌀밥, 면류, 감자류, 바나나, 호박, 밤, 옥수수, 검은 깨, 수박, 파인애플, 사과, 요구르트 등
기억력을 높여주는 음식	두부, 두유, 청국장, 땅콩, 인삼, 고등어, 꽁치, 달걀노른자, 팥, 미역, 키위, 토마토, 오미자차 등
공부 집중력이 떨어졌을 때 먹으면 좋은 음식	껌, 커피, 홍차, 초콜릿
눈의 피로를 풀어주는 음식	귤, 당근, 시금치, 국화차
숙면을 도와주는 음식	양파
감기를 예방하는 음식	브로콜리

2. 시험치기 기술

가) 시험보기 전날

1) 시험 전에는 충분한 수면이 필요하다!

시험 전에 충분한 수면을 강조하는 이유는 공부를 하고 난 뒤 잠을 자는 것에서도 큰 학습효과를 거둘 수 있기 때문이다. 수면을 취할 때 사람의 뇌는 잠들기 전 공부한 내용을 재정리하는데 충분한 수면을 취하지 않으면 뇌에서 기억을 재구성할 시간이 없어서 오히려 기억력이 저하된다. 그러면 시험을 볼 때 집중력이 떨어져 제대로 실력을 발휘할 수 없다. 잠을 충분히 자지 않으면 공부한 내용들이 머릿속에서 뒤죽박죽 섞이도록 하므로 시험 전날에는 평소처럼, 혹은 평소보다 한 시간 정도만 더 공부하고 일찍 잠자리에 들어 컨디션을 조절하는 것이 필요하다.

나) 시험 당일 아침

1) 두뇌의 예열시간은 3시간이다!

잠에서 깨어나 뇌 활동이 제 기능을 발휘하기 위해서는 3시간 정도가 필요하다. 시험 시작이 9시라면 아침 6시에는 일어나야 두뇌회전이 잘된다. 그러나 시험 당일에 갑자기 신체 리듬을 바꾸면 오히려 역효과가 나타날 수도 있으니 시험 전 1주일 정도 여유를 두고 일찍 일어나는 생활습관을 들여 몸이 익숙해지게 하면 효과가 있다.

2) 뇌를 위한 아침식사가 중요하다!

뇌는 포도당을 에너지원으로 활동하는 기관이므로 아침을 거를 경우 기억력과 집중력이 더 떨어질 수 있다. 그러나 긴장을 하면 소화가 안 될 수 있으므로 고단백, 고지방식은 피하고, 평소 먹는 식단 위주로 섭취하는 것이 좋다. 다만, 평소에 아침을 잘 챙겨 먹지 않는 학생이라면, 오히려 아침식사 때문에 속이 거북해질 수 있으므로 평소대로 하거나 소화가 잘되는 가벼운 음식을 먹도록 하자.

3) 조금 일찍 등교하자!

시험 보는 날 시간에 맞춰 등교하게 되면, 긴장이 채 가라앉기도 전에 시험이 시작되기 때문에 집중력이나 페이스가 흐트러질 염려가 있다. 평소보다 조금 일찍 도착해서 내용도 정리하고 마음도 가다듬으며 시험 볼 과목들을 정리하도록 하자.

다) 시험 중

1) 긴장될 때는 복식호흡을 하자!

호흡은 불안과 긴장을 감소시키는 데 큰 효과가 있다. 호흡을 잘 조절하면 과도한 긴장이나 불안과 관련된 여러 신체적 감각들을 안정시킬 수 있다. 시험 중 긴장되어 불안을 느낄 때는 허리를 곧게 펴고 심호흡을 크게 반복해 보자.

라) 시험 당일 시험 기술

1) 시험 중 감독교사의 지시사항을 주의 깊게 듣기

감독교사가 시험 변경사항이나 전달할 내용이 있을 경우에는 강조하여 이야기하기 때문에 문제를 푸느라 바쁘더라도 잠시 멈추고 감독교사의 말에 귀 기울이자.

2) 문제 풀이가 끝나면 검토하고 다음 시험 준비하기

문제를 다 풀었다고 하더라도 방심은 금물! 다시 훑어보면서 실수한 것은 없는지 살펴보자. 특히 쉽다고 생각한 문제도 다시 한 번 점검하여 문제에서 놓친 조건이 없었는지 확인하자. 아는 만큼 다 썼다고 생각되면 시험지를 제출하고 다음 시험과목을 준비하면 된다. 이때는 이미 치른 시험에 대한 생각은 잊고 다음 시험을 준비하자.

3) 쉬는 시간에는 이미 치른 시험의 답안을 맞춰 보지 않기

쉬는 시간에 이전 시간에 치렀던 시험지의 답안을 맞춰보면 점수가 좋게 나왔든 그렇지 않든 마음의 안정감을 잃기 쉽고 다음 시험과목을 점검할 수 있는 시간적 여유를 놓치게 된다. 궁금하더라도 잠시 참고 다음 시험 준비에 집중하자.

활동자료—뇌기반 수능 전략 찾기 비전 선포하기

☆ 활동 목표

- 뇌기반 수능 전략을 탐색할 수 있다.
- 자신의 미래의 비전을 찾고 선포할 수 있다.

☆ 준비물

◆ ppt 자료, 음악(뇌체조 음악), 활동지

☆ 활동 내용

① 두뇌유형에 맞는 수능전략을 제시하고 자신만의 방법을 찾고 좀 더 자신의 두뇌 특성에 맞는 방법을 찾도록 한다.

② 자신에게 맞는 수능계획 방법을 찾으면서 직접 시도해보고 도움이 되었던 방법을 반복해서 적용해보도록 한다.

③ A형과 B형은 개별적으로 계획을 잘 세우는 학생들이며, 월간 계획이나 연간 계획처럼 장기적인 계획을 세우도록 한다.

④ C형과 D형은 주간 계획이나 일일 계획처럼 단기 계획을 세우도록 하며 친구들끼리 함께 계획을 세우고 상호작용과 피드백을 주기적으로 나누며 서로에게 격려와 응원을 하도록 한다.

⑤ 짝 또는 모둠별로 수능 계획을 완성하고 서로 계획을 공유하도록 한다. 교사는 순시를 하면서 주로 C형과 D형 학생들의 활동을 점검하

고 격려해준다.

⑥ 전체 활동 후 자신의 계획을 발표하면서 소감을 나누고 언제나 실천할 수 있도록 서로에게 격려와 응원을 해주도록 한다.

⑦ 자신의 목표와 노력하고자 하는 행동을 선포문으로 작성하는 것은 목표를 이루기 위해 매우 중요하다. 가고 싶은 대학과 학과를 찾은 다음 비전선포문을 만든다.

⑧ 친구들 앞에서 자신의 목표와 노력하고자 하는 의지를 선포하는 것은 스스로에게 동기를 부여하는 의미 있는 기회가 된다. 이렇게 다른 사람들에게 공식적으로 널리 알림으로써 그 꿈에 확실하게 다가갈 수 있는 출발점이 된다.

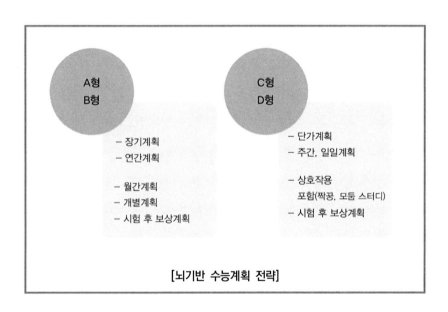

A형
B형

- 장기계획
- 연간계획

- 월간계획
- 개별계획
- 시험 후 보상계획

C형
D형

- 단가계획
- 주간, 일일계획

- 상호작용
  포함(짝꿍, 모둠 스터디)
- 시험 후 보상계획

[뇌기반 수능계획 전략]

☆ 지도상의 유의점

◆ 뇌기반 수능전략을 안내하고 유형대로 선택하여 자신만의 전략을 탐색해보게 한다.

◆ 뇌기반 활동 방법을 찾거나 자신만의 다른 방법을 선택하도록 안내한다.

◆ [교사의 역할] A형과 B형은 독자성을 인정하여 중장기계획을 개별적으로 진행하고 과제를 제시할 때에도 설명과 지시를 최대한 배제한다.

◆ C형과 D형은 모둠으로 주로 단기 계획을 진행하고 수능 전략과 구조화시키는데 도움을 적극적으로 하며 주기적인 감정적인 지원을 하며 수시로 피드백을 한다.

☆ 활동 소감

"두뇌 유형 검사를 하고 나의 두뇌유형에 따라 효율적인 공부 방법 등을 배우면서 공부 습관, 자기주도적 학습능력을 향상시킬 수 있었다. 그리고 비전을 선포하고 수능을 준비하기 위한 의지를 다지는 기회였다."

"나만의 학습방식으로 참여하고 배운 부분을 친구들과 공유하면서 많은 도움이 되었고 앞으로의 공부 계획에 따라 실천하기 위해 노력할 것이다."

☆ 활동 개요

✐ 내가 진학하고 싶은 대학과 학과를 찾고, 비전선포문을 만들어보자.

☆ 활동 내용

◆ 비 전 선 포 문 ◆

나 (　　　　　) (　　　　　　　) (　　　　　　　　　)는

(　　　　　　　) 대학교 (　　　　　　　) 과에 진학하여

나의 꿈인 (　　　　　　　)를 이루기 위해

열심히 공부하겠습니다.

(　　　　)년 (　　　)월 (　　　)일

▌참고문헌

고병진(2010). 청소년 뇌교육프로그램 적용에 따른 뇌파활성도와 정신력 및 자기조절능력의 변화. 국제뇌교육종합대학원대학교 박사학위논문.

김대식, 최창욱(2001). 뇌파검사학. 고려의학.

김동구 외(2005). "Neurofeedback: 원리와 임상응용 스트레스 연구", 13(2), 93−98.

김영옥, 박혜리, 최미숙, 황윤세(2009). 아동발달론. 공동체.

김유미(2003). 두뇌를 알고 가르치자. 학지사.

김유미(2008). 장애아의 뇌는 어떻게 학습하는가?(2판). 시그마프레스.

뇌과학연구원(2014). 두뇌활용능력 검사기기 −스마트브레인 매뉴얼−. 브레인트레이너협회.

류분순(2008). 무용동작 심리치료가 성폭력 피해 청소년의 외상후 스트레스 뇌파 및 자아정체감에 미치는 효과. 홍익대학교대학원 박사학위논문.

박만상, 윤종수(1999). 고려의학. 뇌파학개론. 고려의학

박병운(2005). 뇌파 해석 기법. 한국정신과학연구소.

박병운(2007). 뇌교육사 교재. 한국정신과학연구소 부설교육센터.

윤승일, 이문영(2009). 뇌체질 사용설명서. 북라인.

윤일심(2012). 청각 장애학생의 뇌 기능 및 정서적 성향에 뉴로피드백 훈련이 미치는 영향. 서울벤처대학원대학교 박사학위 논문.

윤종수(1999). 뇌파학개론. 고려의학.

이우주(2005). 의학사전. 아카데미서적.

이창섭, 노재영(1997). 뇌파학 입문. 하나의학사.

정용안 외(2007). 치료 저항성 우울증 환자에서 반복적 경두개 자기자극 후 국소뇌혈류 변화. Nuclear Medical Molecular Imaging, 41(1), 9−15.

정인숙, 유영금, 강인숙, 정태근(2007). 교육과정과 교육평가(개정판). 동문사.

좌성민(2011). 기공수련 시 두뇌 영역별 뇌파 특성 비교 연구. 국제뇌교육종합대학원대학교 박사학위논문.

Anna, W. (1995). High performance mind. New York: Tarcher Putnam.

Baehr, E., Rosenfeld, J. P., Baehr, R. & Earnest, C. (1999). Clinical use ofan alpha asymmetry neurofeedback protocolin the treatment of mood disorders, In(J. R. Evans, ed.) Introduction to Quantitative EEG and Neurofeedback, N.Y: Academic Press.

Berk. (2000). Child development(5th ed.), Boston: Allyn.

Butler, S. (1991). Alpha asymmetry, hemispheric specialization and the problem of cognitive dynamics. In: Giannitrapani, M. (Eds.), The EEG of Mental Activities. Basel, Karger. 75−93, 1988; Glass, A, Significance of EEG alpha asymmetries in cerebral dominance. International Journal of Psychophysiology, 11, 32−33.

Carver, C. S. & White, T. L. (1994). Behavioral inhibition, Behavioral activation, and affective responses to impending rewardand punishment: The BIS/BAS scales, Journal of Personality and Social Psychology, 67(2), 319−333.

Cowan, J. & Allen, T. (2000). Using brainwave biofeedback to train the sequence of concentration and relaxation in athletic activities. proceedings of 15th Association for the Advancemant of Applied Sport Psychology, 95.

Davidson, R. J. (1994). Temperament affective style and frontal lobe asymmetry. In G. Dawson & K. W. Fischer(Eds.). Human behavior and the developing brain. NY: The Guild Press.

Diamond, M. & Hopson, J. (1998). Magic trees of the mind: How th nurture your child's intelligence. creativity, and healthy emotions from birth through adolescence. New York: Dutton.

Gazzaniga, M. S., Ivry. R. B., & Mangun, G. R. (2002). Cognitive neuroscience (2nd ed.), NY: W. W. Norton & Company.

Gotlib, I. A., Ranganath, C., & Rosenfield, J. P. (1998). Frontal EEG alpha asym− metry, depression, and cognitive functioning. Cognition and Emotion, 12, 449−478.

Gray, J. A. (1990). Brain Systems that Mediate both Emotion and Cognition. Special Issue Development of Relationships between Emotion and Cognition.

Cognition and Emotion, 4, 269−288.

Greenfield, S. (1997). The Human brain: A guided tour, NY: Basic Books/Harper Collins.

Hannaford, C. (1995). Smart mouse. Arlington, Va: Great Ocean Publishing Co.

Hutchison, M. (1996). Megabrain: New tools and techniques for brain growth and mind expansion(2nd ed.), New York: Ballantine books.

Kamiya, J. (1972). Self−Regulation as An Aid to Human Performance: AnnalProgress Report, San Francisco: Submitted to The San Diego University Foundation, Langhy Porte Neuro−psychiatricInstitute.

Lubar, J. O. & Bahler, W. W. (1976). Behavioral management of epileptic nsei−zures following EEG biofeedback training of the sensorimotor rhythm, Biofeedback and Self−regulation, 7, 77−104.

Lynch, G. & Gall, C. (1979). Organization and reorganization in the central nerv−ous system. In F. Falkner and J. tanner(Eds.) Human Growth. New York: Plenum Press.

MacLean, P. D. (1990). The triune brain in evolution: role in paleocerebral func−tion, NY: Plentice−Hall.

Maulsby, R. L. (1971). An illustration of emotionally evoked the tarhythm in infancy: Hedonic Hypersynchrony, EEG and Clinical Neuroscience Letters, 143, 10−14.

Ornstein, R. & Sobel, D. (1987). The healing brain and how it keeps us healthy. New York: Simon and Schuster.

Paus, t., Zidenbos, A., Worsley, K., Collins, D. L., Blumenthal, J., Giedd, J. N., Rappoport, J. L., & Evans, A. C. (1999). Structural maturation of neural path−ways in children and adolescents: In vivo study. Science, 283, 1908−1911.

Peniston, E. G., & Kulkosky, P. J. (1989). Alpha−theta brainwave training and beta endorphin levels in alcoholics, Alcoholism, Clinical and Experimental Results, 13(2), 271−279.

Peniston, E. G., Marrinan, D. A., Deming, W. A., & Kulkosky, P. J. (1993). The

Possible meaning of the upper and lower alpha frequency ranges of cognitive and creative tasks, International Journal of Psychophysiology, 26, 77−97.

Singer, K. et al. (2004). Empahty for pain involves the affective but not sensory components of pain. Science, 303, 1157−1162.

Sousa, D. A. (2003). How the Gifted brain learns. Corwin Press.

Sousa, D. A. (2007). How the special needs brain learns. Corwin Press.

Sousa, D. A. (2011). How the brain learns(4th Ed). Corwin Press.

Sterman, M. B. (1977). Sensorimotor EEG operant conditioning and experimental and clinical effects. Pavlovian J. Biological Science, 12(2), 65−92.

Sterman, M. B. (1977). Sensorimotor EEG operant conditioning :Experimental and clinical effect. Pavlovian Journal of Biological Science, 12, 63−92.

Sylwester, R. (1995). A Celebration of neurons. Alexandria, VA: ASCD.

▌ 찾아보기

저자 소개

신재한
경북대학교 교육학박사
한국개발원 연구위원
교육부 연구사
국제뇌교육종합대학원대학교 뇌교육학과 교수

이은정
국제뇌교육종합대학원대학교 뇌교육학박사
문경여자중학교 교사
국제뇌교육종합대학원대학교 뇌교육학과 겸임교수

뇌기반 자기주도적 학습 코칭의 실제

초판발행   2019년 9월 5일

지은이   신재한 · 이은정
펴낸이   노 현

편 집   윤현주
디자인   BEN STORY
제 작   우인도 · 고철민

펴낸곳   ㈜ 피와이메이트
          서울특별시 금천구 가산디지털2로 53 한라시그마밸리 210호(가산동)
          등록 2014. 2. 12. 제2018-000080호
전 화   02)733-6771
f a x   02)736-4818
e-mail   pys@pybook.co.kr
homepage   www.pybook.co.kr
ISBN   979-11-90151-29-0 93370

정 가   17,000원